MW01502645

Welcome to Verbs à la française!

When it is time to teach conjugation and tense changes, I have grown quite accustomed to seeing the same expression on my students' faces that I remember displaying myself.

Each year, there are always a few students who ask, "Can we go back to colors and numbers, madame?" I smile and remember when I, too, felt the same way regarding this "thing" called "conjugation".

As educators, we know that developing alternative methods of assessment and instruction are a way of life and become second nature. That, and a love for foreign language, is what lead to the creation of this booklet. I wanted to produce something that was challenging; yet painless and entertaining for the language student or for anyone who enjoys puzzles.

This booklet is intended to present conjugation and tenses in their finished forms. The verbs were selected randomly; some are common, others are cognates, and still others, are quite obscure. Any verb irregularities, orthographic changes or special cases of accentuation required per puzzle, have already been completed for the reader. The majority of the verbs are from the "er" class. The verbs used to illustrate the compound tenses all use the auxiliary verb, avoir.

The French translation of the proverb or expression located on the alphabet pages can be found by identifying the letters remaining on the lines specified at the bottom of the page. The same procedures apply to the alphabet pages that follow.

Amusez-vous bien!

Margaret Harris

Table of Contents	

✓	VERB	PRONUNCIATION	DEFINITION(S)
	abaisser	ah-beh-ssay	to lower
	abandonner	ah-bahn-doh-nay	to abandon; to quit
	abasourdir	ah-bah-zoor-deer	to stun
	abattre	ah-bah-truh	to cut down; to defeat
	abdiquer	ahb-dee-kay	to abdicate; to renounce
	abêtir	ah-beh-teer	to stupefy; to stun
	abhorrer	ah-boh-ray	to detest; to loathe
	abîmer	ah-bee-may	to ruin; to spoil
	abolir	ah-boh-leer	to abolish
	abonder	ah-bohn-day	to be plentiful; to abound
	abonner	ah-boh-nay	to subscribe
	aboyer	ah-bwah-yay	to bark
	abréger	ah-bray-zhay	to shorten
	abriter	ah-bree-tay	to shelter; to house
	abrutir	ah-broo-teer	to brutalize
	absorber	ahp-sohr-bay	to consume; to absorb
	absoudre	ahp-soo-druh	to acquit; to pardon
	abuser	ah-boo-zay	to abuse; to misuse
	accaparer	ah-kah-pah-ray	to corner (the market); to hoard
	accélérer	ahk-say-lay-ray	to accelerate
	accentuer	ahk-sahn-too-ay	to stress; to emphasize
	accepter	ahk-sehp-tay	to accept; to agree to
	acclamer	ah-klah-may	to cheer; to hail; to acclaim
	accommoder	ah-koh-moh-day	to accommodate
	accompagner	ah-kohn-pahn-yay	to accompany
	accomplir	ah-kohn-pleer	to carry out; to perform
	accorder	ah-kohr-day	to grant; to agree
	accoutumer	ah-koo-too-may	to habituate; to accustom
	accréditer	ah-kray-dee-tay	to credit; to sanction
	accrocher	ah-kroh-shay	to hang up; to hook; to catch

```
                    À R A
                  B O N R B
                B R O T N E A
              B A L I Ê S R B I
            S A B S L B U T T R S
          É R A A U B A Î T E M O S
        S R A A N B       A L U T S E
      T E I B R D A       B C A A B B R
    O T N N D E O R       A A C B C A A C
  R P E E N I T N E R N R D B E O U C R A R
C E É R R N Q T N Î E E R E Ê A N M C O B B E
C C Y O I D T U M E R M A C C T E D R P O R C H R
A C C O U T U M E R R H Î E R A I I E B Ê A É D T O A
A A B S B O U O R R R I D B U O S R B R R B B G R E B R P
S I L O B A C R S C É S L A A B O N N E R B O O E N U R E R A
A C C O M P L I R B S                   A A L R S E L U T E C
R E D O M M O C C A A                   À I E A B R U T I R C
E R I D R U O S A B A                   R A A R E M A L C C A
A A C C É L É R E R A                   A C C R É D I T E R Î
É Î R E U T N E C C A                   É A R E H C O R C C A
```

"A word to the wise is sufficient"

___   _ _ _   _ _ _ _ _ _ _ _ _ _ _,   _ _ _ _ _ _

LINE #:   ***17***   ***2***   ***10***   ***16***

Je (zhuh) is the French word for «I». Je becomes «j'» before a vowel. For example: j'accepte = I accept. Try the following present tense conjugations.

____	1.	j'abhorre	a.	I lower
____	2.	j'accroche	b.	I subscribe
____	3.	j'accomplis	c.	I accommodate
____	4.	j'abaisse	d.	I absorb
____	5.	j'accepte	e.	I misuse
____	6.	j'accrédite	f.	I hang (a picture)
____	7.	j'abrège	g.	I accelerate
____	8.	j'accompagne	h.	I accompany
____	9.	j'abonne	i.	I accept
____	10.	j'accélère	j.	I detest
____	11.	j'acclame	k.	I shorten
____	12.	j'absorbe	l.	I emphasize
____	13.	j'accommode	m.	I accomplish
____	14.	j'accentue	n.	I cheer
____	15.	j'abuse	o.	I credit

T	I	D	E	R	C	I	L	O	W	E	R	J	A	B	H	O	R	R	E
B	A	J	R	T	I	È	G	E	J	È	R	J	A	B	U	S	E	N	T
I	È	J	A	B	A	I	S	S	E	A	I	È	L	B	I	È	G	E	A
E	A	A	J	C	C	D	I	A	B	S	B	O	L	R	O	A	B	R	R
M	G	C	I	A	C	C	O	M	P	L	I	S	H	É	P	N	E	C	E
E	E	È	B	R	O	E	A	M	L	È	E	A	O	M	C	E	N	E	L
T	E	L	R	E	M	E	P	È	M	H	G	B	O	R	H	C	R	E	E
I	U	E	O	B	P	L	C	T	C	O	R	C	È	C	B	C	A	D	C
D	T	T	S	O	A	T	O	O	E	A	C	B	I	D	E	E	I	J	C
É	N	S	B	R	N	J	R	S	J	A	C	C	O	M	M	O	D	E	A
R	E	E	A	E	Y	C	E	R	J	C	E	M	A	L	C	C	A	J	I
C	C	T	I	C	C	E	I	E	M	P	H	A	S	I	Z	E	I	Z	E
C	C	E	I	A	C	C	E	P	T	E	B	I	R	C	S	B	U	S	I
A	A	D	J	I	I	H	A	N	G	U	P	I	S	H	O	R	T	E	N
J	J	I	E	S	U	S	I	M	I	J	A	C	C	O	M	P	L	I	S

«Tu» (too) is one of the French words for "you". The «tu» form of a verb is known as the "you informal" because it is used when speaking to a friend or to a member of the family. "You formal" can be found on page 11.

____	1.	tu abandonnes	a.	you renounce
____	2.	tu abasourdis	b.	you ruin
____	3.	tu abats	c.	you hoard
____	4.	tu abdiques	d.	you abolish
____	5.	tu abêtis	e.	you agree
____	6.	tu abîmes	f.	you quit
____	7.	tu abolis	g.	you bark
____	8.	tu abondes	h.	you pardon
____	9.	tu aboies	i.	you stun
____	10.	tu abrites	j.	you deafen
____	11.	tu abrutis	k.	you shelter
____	12.	tu absous	l.	you accustom
____	13.	tu accapares	m.	you brutalize
____	14.	tu accordes	n.	you defeat
____	15.	tu accoutumes	o.	you abound

E	C	N	U	O	N	E	R	U	O	Y	S	E	D	N	O	B	A	U	T
Z	A	T	Y	A	Y	R	R	E	T	L	E	H	S	U	O	Y	T	Ê	U
I	S	U	O	T	O	A	B	A	U	T	R	T	A	B	Î	M	U	E	A
L	T	A	U	I	U	S	E	E	R	G	A	U	O	Y	Y	E	A	Y	B
A	A	B	R	U	H	E	V	O	R	P	P	A	U	T	O	V	B	O	A
T	B	O	U	Q	O	U	P	E	F	Y	A	B	T	U	U	L	Î	N	S
U	A	I	I	U	A	Q	Q	U	O	Y	C	S	A	B	D	O	M	E	O
R	U	E	N	O	R	I	T	U	A	C	C	O	R	D	E	S	E	F	U
B	T	S	Î	Y	D	D	N	U	O	B	A	U	O	Y	F	B	S	A	R
U	H	S	I	L	O	B	A	U	O	Y	U	S	B	A	E	A	U	E	D
O	S	I	L	O	B	A	U	T	S	E	T	I	R	B	A	U	T	D	I
Y	O	U	A	C	C	U	S	T	O	M	Y	O	U	S	T	U	N	U	S
T	U	A	B	R	U	T	I	S	D	R	N	O	D	R	A	P	U	O	Y
T	U	A	C	C	O	U	T	U	M	E	S	K	R	A	B	U	O	Y	O
S	I	T	Ê	B	A	U	T	S	E	N	N	O	D	N	A	B	A	U	T

✓	VERB	PRONUNCIATION	DEFINITION(S)
	babiller	bah-bee-yay	to babble
	bachoter	bah-shoh-tay	to cram (for an exam)
	baigner	behn-yay	to bathe
	bâiller	bah-yay	to cut down; to defeat
	balancer	bah-lahn-say	to balance
	balayer	bah-leh-yay	to sweep
	balbutier	bahl-boo-tyay	to stutter
	bannir	bah-neer	to banish; to exile
	baratter	bah-rah-tay	to churn
	barrer	bah-ray	to cancel; to cross out
	basculer	bahs-koo-lay	to seesaw; to rock
	batailler	bah-tah-yay	to battle
	bâtir	bah-teer	to build
	bavarder	bah-vahr-day	to chat
	bécoter	bay-koh-tay	to kiss; to smooch
	bénéficier	bay-nay-fee-syay	to benefit; to profit
	beurrer	buh-ray	to butter
	blaguer	blah-gay	to fool
	blâmer	blah-may	to blame; to censure
	blanchir	blahn-sheer	to whiten
	blesser	bleh-ssay	to wound
	blettir	bleh-teer	to become overripe
	bleuir	bluh-eer	to turn blue
	blondir	blohn-deer	to turn yellow; to go blond
	bloquer	bloh-kay	to block
	boire	bwahr	to drink
	boiter	bwah-tay	to limp
	bonifier	boh-nee-fyay	to improve
	border	bohr-day	to border
	boucher	boo-shay	to cork

R	G	O	B	Û	T	R	E	I	C	I	F	É	N	É	B			
L	I	É	L	Â	B	A	R	A	T	T	E	R	B	A	I	R		
G	N	N	A	B	O	I	R	R	E	S	S	E	L	B	I	E	Â	
B	E	A	N	U	T					B	L	A	G	U	E	R	É	
R	B	A	C	A	L					A	N	Y	E	E	R	I	É	
A	R	F	H	F	B					C	A	L	I	B	R	O	E	
R	I	R	I	B	O	N	I	B	E	F	B	I	E	A	R	B	B	
E	T	E	R	B	A	N	N	R	É	I	R	B	É	C	O	I		
I	Â	L	Â	S	M	B	E	R	É	C	O	T						
T	B	L	A	F	B	F	I	A	I	R	O	E						
U	B	I	S	C	A	U	L	L	L	E	R	T						
B	G	Â	B	O	R	D	E	R	L	R	O	Û	E	E	T	U		
L	B	B	E	U	R	R	E	R	B	E	N	É	F	R	I	C	E	
A	E	S	L	T	E					L	R	E	H	C	U	O	B	R
B	L	Â	M	E	R					L	R	E	T	I	O	B	L	A
I	E	R	B	L	T					I	B	A	L	A	Y	E	R	T
B	L	E	T	T	I	T	L	A	B	A	V	A	R	D	E	R	B	É
B	A	I	G	N	E	R	I	E	S	T	T	R	E	U	Q	O	L	B
R	E	I	F	I	N	O	B	R	B	A	C	H	O	T	E	R	É	
D	E	R	E	L	U	C	S	A	B	B	L	O	N	D	I	R		

"Beauty is in the eye of the beholder"

__ __ __ __ __ __ __ __ __ __ __ __ __ __ __ __ __ __ __ __ __ __ __ __ __ __ __ __

LINE: ***15*** ***4*** ***18*** ***10*** ***20*** ***1***

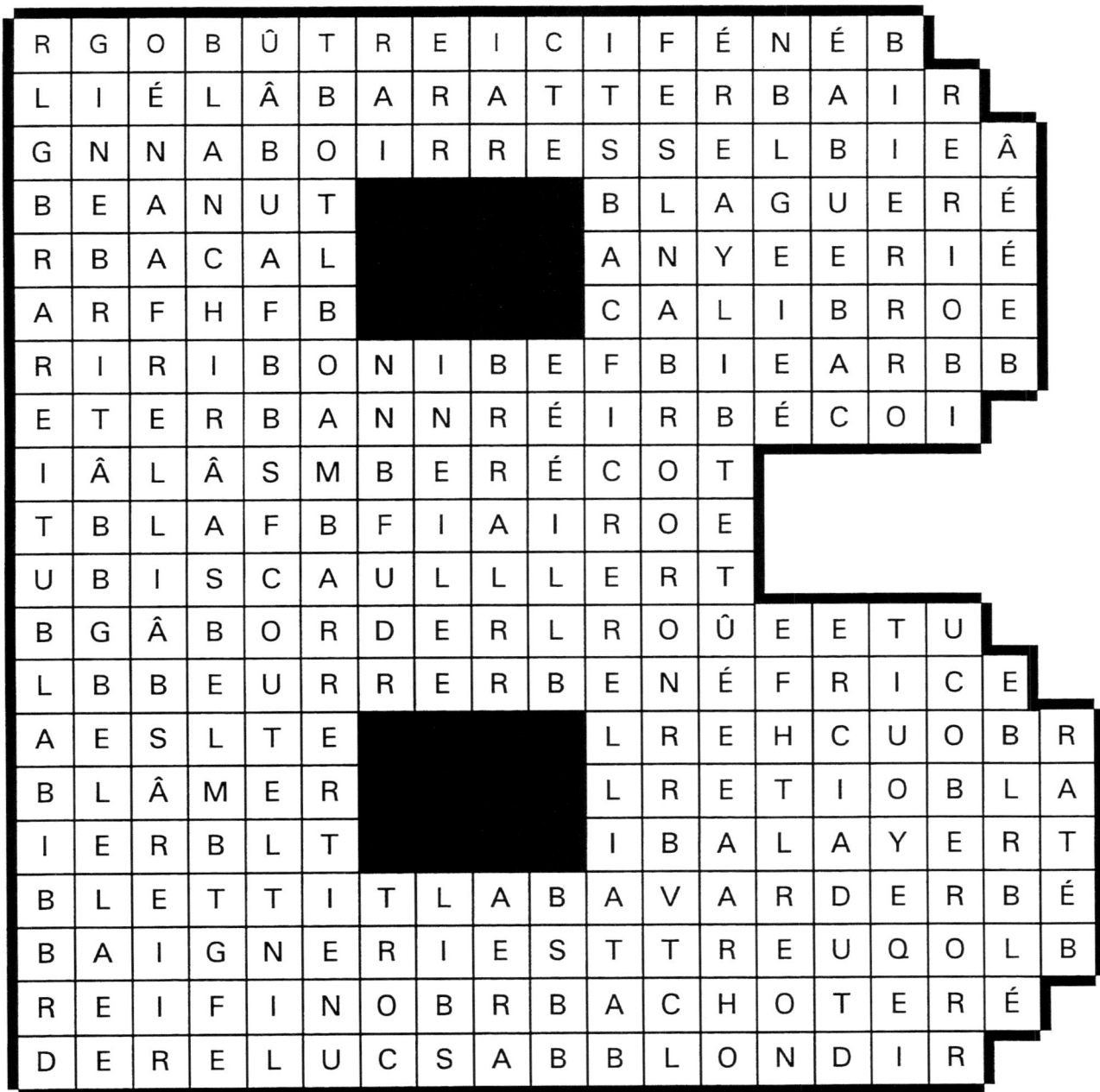

Il (eel) = he, elle (ehl) = she, and on (ohn) = one

«On» is used to make a general statement; such as: When one studies, one learns. These three pronouns (il, elle, and on) share the same conjugation.

____	1.	il babille	a.	she sweeps
____	2.	elle bachote	b.	he kisses
____	3.	on baigne	c.	he fools
____	4.	il balance	d.	one drinks
____	5.	elle balaye	e.	she blames
____	6.	on balbutie	f.	one butters
____	7.	il bascule	g.	one chats
____	8.	elle bâtit	h.	he babbles
____	9.	on bavarde	i.	she builds
____	10.	il bécote	j.	he balances
____	11.	elle bénéficie	k.	she crams for a test
____	12.	on beurre	l.	one stutters
____	13.	il blague	m.	she benefits
____	14.	elle blâme	n.	he rocks
____	15.	on boit	o.	one bathes

O	O	H	E	T	S	E	T	A	R	O	F	S	M	A	R	C	E	H	S
O	N	B	A	V	A	R	D	E	O	N	E	T	O	C	É	B	L	I	T
E	E	E	S	S	É	H	S	Â	N	E	M	Â	L	B	E	L	L	E	I
I	D	E	S	R	E	E	H	E	E	S	L	O	O	F	E	H	E	L	F
C	R	I	T	E	L	K	E	S	B	T	E	B	É	N	É	F	B	Â	E
I	I	T	A	T	U	I	S	K	A	U	S	C	B	L	Â	A	Â	S	N
F	N	U	H	T	C	S	W	C	T	T	H	E	N	S	L	I	T	D	E
É	K	B	C	U	S	S	E	O	H	T	E	Â	M	A	H	L	I	L	B
N	S	L	E	B	A	E	E	R	E	E	S	H	N	A	L	B	T	I	E
É	H	A	N	E	B	S	P	E	S	R	W	C	K	K	L	A	W	U	H
B	E	B	O	N	L	H	S	H	E	S	E	F	É	N	É	B	B	B	S
E	O	N	B	O	I	T	C	O	N	B	E	U	R	R	E	I	E	E	E
L	N	O	N	E	B	E	U	U	R	E	U	G	A	L	B	L	I	H	H
L	O	N	B	A	I	G	N	E	L	H	E	B	A	B	B	L	E	S	S
E	T	O	H	C	A	B	E	L	L	E	Y	A	L	A	B	E	L	L	E

Nous = We

____	1.	nous bâillons	a.	we churn
____	2.	nous bannissons	b.	we limp
____	3.	nous barattons	c.	we border
____	4.	nous barrons	d.	we cross out
____	5.	nous bataillons	e.	we whiten
____	6.	nous blanchissons	f.	we block
____	7.	nous blessons	g.	we drink
____	8.	nous bloquons	h.	we battle
____	9.	nous boitons	i.	we wound
____	10.	nous bordons	j.	we defeat
____	11.	nous bouchons	k.	we cork
____	12.	nous buvons	l.	we banish

S	N	O	L	L	I	A	T	A	B	S	U	O	N	W	E	H	W	W	E
N	O	U	S	B	O	I	T	O	N	S	N	O	N	U	D	S	E	W	E
O	U	T	Â	I	N	E	T	I	H	W	E	W	O	N	S	I	I	E	W
R	S	K	A	S	N	O	S	S	E	L	B	S	U	O	N	N	M	N	S
R	B	C	W	E	W	E	C	O	R	K	E	O	S	S	K	A	P	O	N
A	A	O	E	N	F	E	I	Â	W	E	W	O	B	N	N	B	R	U	O
B	N	L	C	O	A	E	L	L	E	E	E	N	O	O	I	E	O	E	U
S	N	B	H	U	U	O	D	I	W	N	C	W	R	V	R	W	V	L	Q
U	I	E	U	Q	O	L	B	E	M	W	E	R	D	U	D	E	E	T	O
O	S	W	R	B	Â	I	L	L	W	P	W	E	O	B	E	N	N	T	L
N	S	S	N	O	L	L	I	Â	B	S	U	O	N	S	W	O	O	A	B
N	O	U	S	B	O	U	C	H	O	N	S	W	S	U	S	U	U	B	S
S	N	O	T	T	A	R	A	B	S	U	O	N	Â	O	U	O	S	E	U
A	S	W	E	B	O	R	D	E	R	L	L	I	Â	N	O	U	U	W	O
S	N	O	S	S	I	H	C	N	A	L	B	S	U	O	N	O	U	T	N

✓	VERB	PRONUNCIATION	DEFINITION(S)
	cabosser	kah-boh-say	to dent
	cacher	kah-shay	to hide
	cacheter	kahsh-tay	to seal
	cadenasser	cahd-nah-ssay	to padlock
	cadrer	kah-dray	to tally
	cahoter	kah-oh-tay	to jolt
	cailler	kah-yay	to curdle
	cajoler	kah-zhoh-lay	to cajole; to coax
	calculer	kahl-koo-lay	to calculate
	calibrer	kah-lee-bray	to gauge; to calibrate
	câliner	kah-lee-nay	to cajole
	calmer	kahl-may	to calm; to quiet
	cambrioler	kahn-bree-oh-lay	to burgle; to break into
	camoufler	kah-moo-flay	to camouflage
	capitaliser	kah-pee-tah-lee-zay	to capitalize
	capitonner	kah-pee-toh-nay	to upholster; to pad
	capituler	kah-pee-toh-lay	to surrender
	captiver	kahp-tee-vay	to fascinate
	caractériser	kah-rahk-tay-ree-zay	to characterize
	caraméliser	kah-rah-may-lee-zay	to caramelize
	caresser	kah-reh-ssay	to fondle; to stroke
	carier	kah-ree-ay	to decay
	casser	kah-ssay	to break
	catégoriser	kah-tay-goh-ree-zay	to categorize
	causer	koh-zay	to cause
	céder	say-day	to yield
	célébrer	say-lay-bray	to celebrate
	certifier	sehr-tee-fyay	to certify
	cesser	seh-ssay	to cease; to stop
	chagriner	shah-gree-nay	to grieve

		R	E	S	S	E	C	C	A	R	E	S	S	E	R			
	C	E	R	T	I	F	I	E	R	I	N	E	R	D	A	R		
C	Â	L	I	N	E	R	B	I	E	N	C	A	J	O	L	E	R	
C	C	H	A	R	I	R	E	L	O	I	R	B	M	A	C	H	T	É
C	A	P	I	T	U	L	E	R	S	C	A	S	S	E	R	C	O	I
C	C	O	R	E	V	I	T	P	A	C	M	M	E	N	C	A	E	
R	H	É	É	C	H	C	A	C	A	B	O	S	S	E	R	C		
R	E	S	I	L	A	T	I	P	A	C								
E	T	S	M	Ê	M	R	I	C	E									
S	E	C	U	C	A	T	A	A	G									
S	R	A	C	A	O	H	A	M	G									
A	B	D	I	N	C	E	N	O	É									
N	C	R	N	A	L	A	M	U	E	L								
E	R	E	M	L	A	C	C	F	R	E	I	R	A	C	É	E		
D	R	R	R	E	L	U	C	L	A	C	C	S	R	S	U	A	C	
A	P	C	A	L	I	B	R	E	R	A	R	R	E	T	O	H	A	C
C	H	A	G	R	I	N	E	R	O	R	D	O	D	R	N	N	É	E
C	A	R	A	C	T	É	R	I	S	E	R	C	É	L	M	E	R	
	R	E	S	I	R	O	G	É	T	A	C	B	C	I	E	N		
		R	E	L	L	I	A	C	É	L	É	B	R	E	R			

"Charity begins at home"

_ _ _ _ _ _ _ _ _   _ _ _ _ _   _ _ _ _ _ _ _ _ _ _

LINE: ***4*** ***3*** ***17***

_ _ _ _ _ _ _ _ _ _   _ _ _ _   _ _ _ _ - _ _ _ _ _

LINE: ***6*** ***16*** ***5*** ***9***

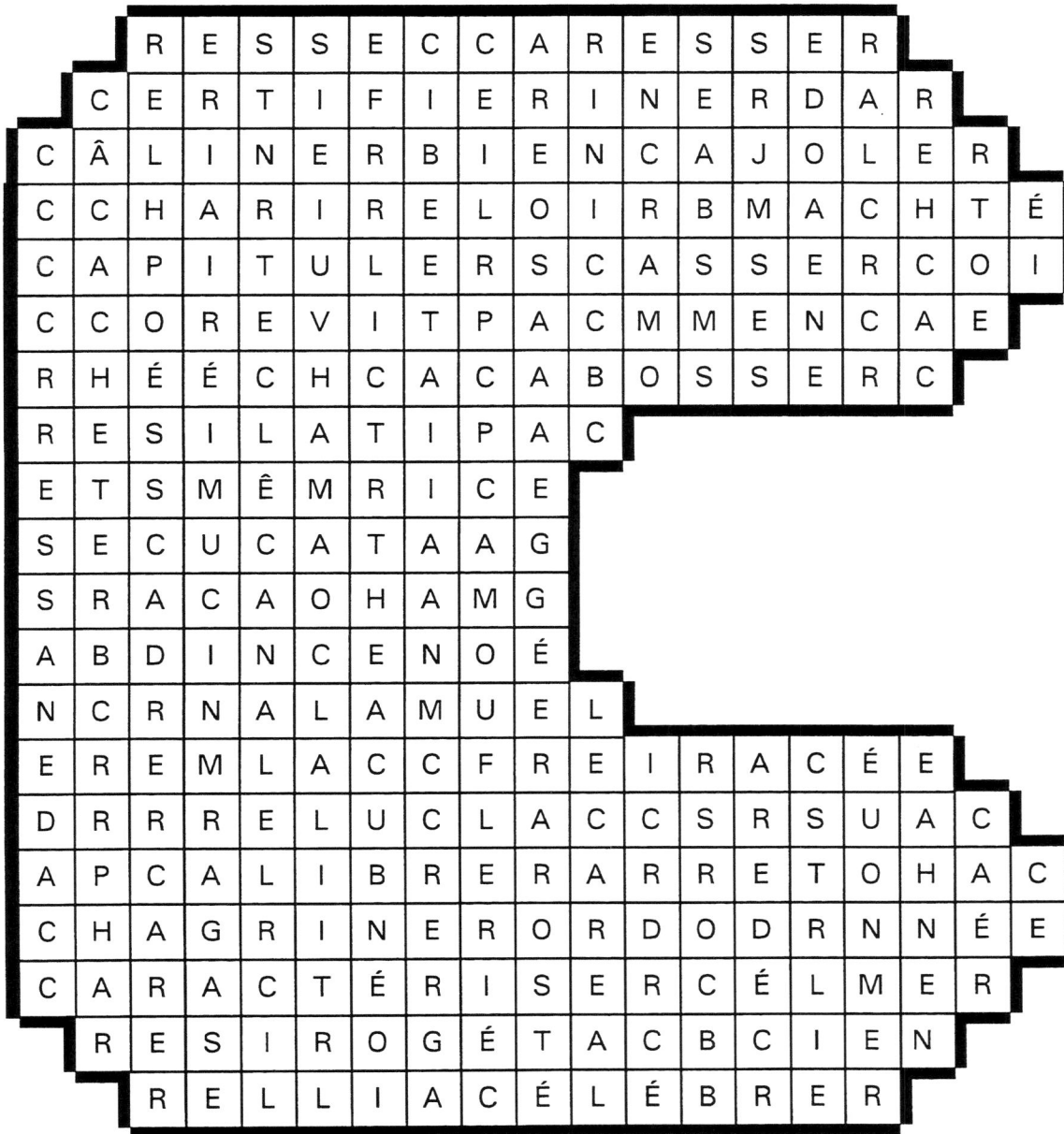

«Vous» (voo) = you formal and you plural

The «vous» or «you formal» form of a verb is used when speaking to a group of people or to a person other than a family member of a friend.

____	1.	vous cabossez	a.	you tally
____	2.	vous cachez	b.	you capitalize
____	3.	vous cachetez	c.	you upholster
____	4.	vous cadenassez	d.	you jolt
____	5.	vous camouflez	e.	you padlock
____	6.	vous capitonnez	f.	you camouflage
____	7.	vous cambriolez	g.	you seal
____	8.	vous calculez	h.	you calculate
____	9.	vous capitalisez	i.	you calm
____	10.	vous calmez	j.	you burgle
____	11.	vous cadrez	k.	you hide
____	12.	vous cahotez	l.	you dent

Z	E	S	S	A	N	E	D	A	C	S	U	O	V	V	Y	V	Y	C	V
E	G	A	L	F	U	O	M	A	C	U	O	Y	Y	L	Y	O	O	O	U
V	O	V	Y	Y	O	U	V	Z	Y	Y	O	U	L	V	U	U	U	S	V
V	O	U	O	O	Y	O	O	O	E	C	A	A	L	P	M	S	B	E	O
O	C	A	C	U	H	E	U	Y	Z	R	T	C	A	C	C	C	U	V	U
U	V	V	A	C	S	J	S	V	O	U	D	D	A	A	E	A	R	E	S
S	O	Y	L	A	O	C	C	Z	O	U	L	A	C	L	T	M	G	Z	C
C	U	O	C	L	C	A	A	Y	E	O	H	H	C	C	A	B	L	I	A
A	S	U	T	M	A	D	M	L	C	S	E	I	Z	S	L	R	E	L	P
P	C	U	N	S	P	E	O	K	M	Z	S	L	D	E	U	I	E	A	I
I	A	P	E	E	I	N	U	R	L	E	I	O	O	E	C	O	L	T	T
T	P	H	D	A	T	A	F	A	C	A	Z	B	B	I	L	L	V	I	A
O	V	O	U	S	C	A	L	C	U	L	E	Z	A	A	A	E	L	P	L
N	T	L	O	E	N	S	E	S	A	N	E	S	D	A	C	Z	A	A	I
N	A	S	Y	Z	N	L	Z	O	I	R	B	M	U	C	U	S	C	C	S
E	L	T	V	O	U	S	C	A	H	O	T	E	Z	O	O	U	U	U	E
Z	I	E	Y	O	U	C	A	M	O	U	F	L	A	G	Y	O	O	O	Z
S	E	R	V	Z	E	T	E	H	C	A	C	S	U	O	V	V	Y	Y	V

«Ils» (eel) and «Elles» (ehl) = They

«Ils» is used when referring to a group of masculine nouns or to a group comprised of masculine and feminine nouns. «Elles» is only used when referring to a group of feminine nouns.

____	1.	elles captivent	a.	they certify
____	2.	ils caractérisent	b.	they break
____	3.	elles caressent	c.	they fondle
____	4.	ils carient	d.	they decay
____	5.	elles cassent	e.	they fascinate
____	6.	ils causent	f.	they yield
____	7.	elles cèdent	g.	they cause
____	8.	ils célèbrent	h.	they characterize
____	9.	elles cessent	i.	they curdle
____	10.	ils cachent	j.	they celebrate
____	11.	elles certifient	k.	they hide
____	12.	ils caillent	l.	they stop

K	I	L	T	N	E	I	F	I	T	R	E	C	S	E	L	L	E	E	E
T	A	I	L	N	E	E	L	D	N	O	F	Y	E	H	T	L	L	Z	L
N	N	E	T	H	E	Y	Y	I	E	L	D	C	S	I	H	L	L	I	L
E	E	E	R	I	T	S	T	H	I	S	E	A	U	L	E	S	E	R	E
S	L	L	S	B	L	H	U	H	R	T	C	U	A	S	Y	T	S	E	S
I	L	D	L	S	Y	S	E	A	A	E	A	S	C	C	I	N	C	T	C
R	T	I	R	E	E	E	C	Y	C	E	E	A	Y	A	L	E	È	C	A
É	N	Y	C	U	S	R	H	A	S	S	P	H	E	C	S	S	D	A	Y
T	E	A	É	È	C	C	A	T	L	T	L	I	H	H	I	S	E	R	F
C	S	C	L	T	D	Y	È	C	I	I	O	I	T	E	E	A	N	A	I
A	S	E	È	S	E	E	E	V	S	L	N	P	O	N	L	C	T	H	T
R	E	D	B	U	N	E	E	H	D	E	I	E	P	T	D	S	I	C	R
A	C	Y	R	A	I	N	L	N	T	È	L	C	È	D	E	E	N	Y	E
C	S	E	E	C	T	T	N	E	R	B	È	L	É	C	S	L	I	E	C
S	E	H	E	T	A	R	B	E	L	E	C	Y	E	H	T	L	I	H	Y
L	L	T	É	R	I	E	T	A	N	I	C	S	A	F	Y	E	H	T	E
I	L	S	C	A	I	L	L	E	N	T	T	H	E	Y	S	T	O	O	H
I	E	L	L	E	S	I	T	H	E	Y	H	I	D	E	A	U	S	E	T

✓	VERB	PRONUNCIATION	DEFINITION(S)
	danser	dahn-say	to dance
	dater	dah-tay	to date (a letter)
	dauber	doh-bay	to braise
	débander	day-bahn-day	to remove a bandage; to relax
	débaptiser	day-bah-tee-zay	to rename
	débarquer	day-bahr-kay	to land; to unload
	débarrasser	day-bah-rah-ssay	to clear (a table)
	débattre	day-bah-truh	to debate
	déboucher	day-boo-shay	to uncork
	déboucler	day-boo-klay	to unbuckle; to uncurl (hair)
	débuter	day-boo-tay	to debut; to begin
	déchirer	day-shee-ray	to rip (paper); to lacerate
	décider	day-see-day	to decide
	déclarer	day-klah-ray	to state; to declare
	décliner	day-klee-nay	to decline
	décolorer	day-koh-loh-ray	to discolor; to bleach (hair)
	décongeler	day-kohn-zhlay	to defrost; to melt
	décorer	day-koh-ray	to decorate
	découvrir	day-koo-vreer	to discover; to uncover
	décrire	day-kreer	to describe
	décrocher	day-kroh-shay	to unhook; to hang up (phone)
	dédaigner	day-dehn-yay	to disregard
	défaillir	day-fah-yeer	to weaken
	défendre	day-fahn-druh	to defend
	dégoûter	day-goo-tay	to disgust
	déguiser	day-ghee-zay	to disguise
	déjeuner	day-zhuh-nay	to eat lunch
	déléguer	day-lay-gay	to delegate
	délibérer	day-lee-bay-ray	to deliberate
	délivrer	day-lee-vray	to deliver

D	É	C	R	O	C	H	E	R	F	A	I	R	E					
D	É	B	A	E	R	T	T	A	B	É	D	D	D	D				
D	É	C	R	I	R	E	L	A	I	S	S	É	E	A	R			
É	D	D	D	É	C	O	U	V	R	I	R	B	D	U	R	E		
D	É	C	O	N	G	E	L	E	R	D	E	O	É	B	E	R	D	
D	G	É	R	R	D	R	D	O	D	É	T	U	C	E	N	I	D	D
D	U	A	E	E	É	E	L	É	C	D	A	C	H	R	U	L	É	D
É	I	R	S	U	G	S				É	D	H	I	E	E	L	L	É
J	S	E	N	G	O	I					D	E	R	L	J	I	I	L
D	E	D	A	É	Û	T						R	E	E	É	A	B	T
É	R	N	D	L	T	P						R	R	D	D	F	É	G
B	B	A	I	É	E	A					D	É	B	U	T	É	R	R
A	D	B	R	D	R	B				D	É	B	A	R	T	D	E	E
R	É	É	B	E	I	É	E	R	E	S	A	A	D	E	N	N	R	R
Q	F	D	D	A	R	D	R	E	N	I	L	C	É	D	G	N	T	E
U	E	R	E	S	S	A	R	R	A	B	É	D	B	I	I	E	N	
E	N	D	A	N	S	E	L	O	D	E	D	A	A	C	B	N		
R	D	E	D	É	B	O	U	C	L	E	R	D	T	É	A			
D	R	E	T	U	B	É	D	É	É	L	É	R	D	D				
R	E	R	V	I	L	É	D	D	D	D	I	R	E					

"Do right and fear no one"

_ _ _ _   _ _ _ _ _ _   _ _   _ _ _ _ _ _ _ _   _ _ _ _

LINE: ***16*** ***1*** ***10*** ***3*** ***20***

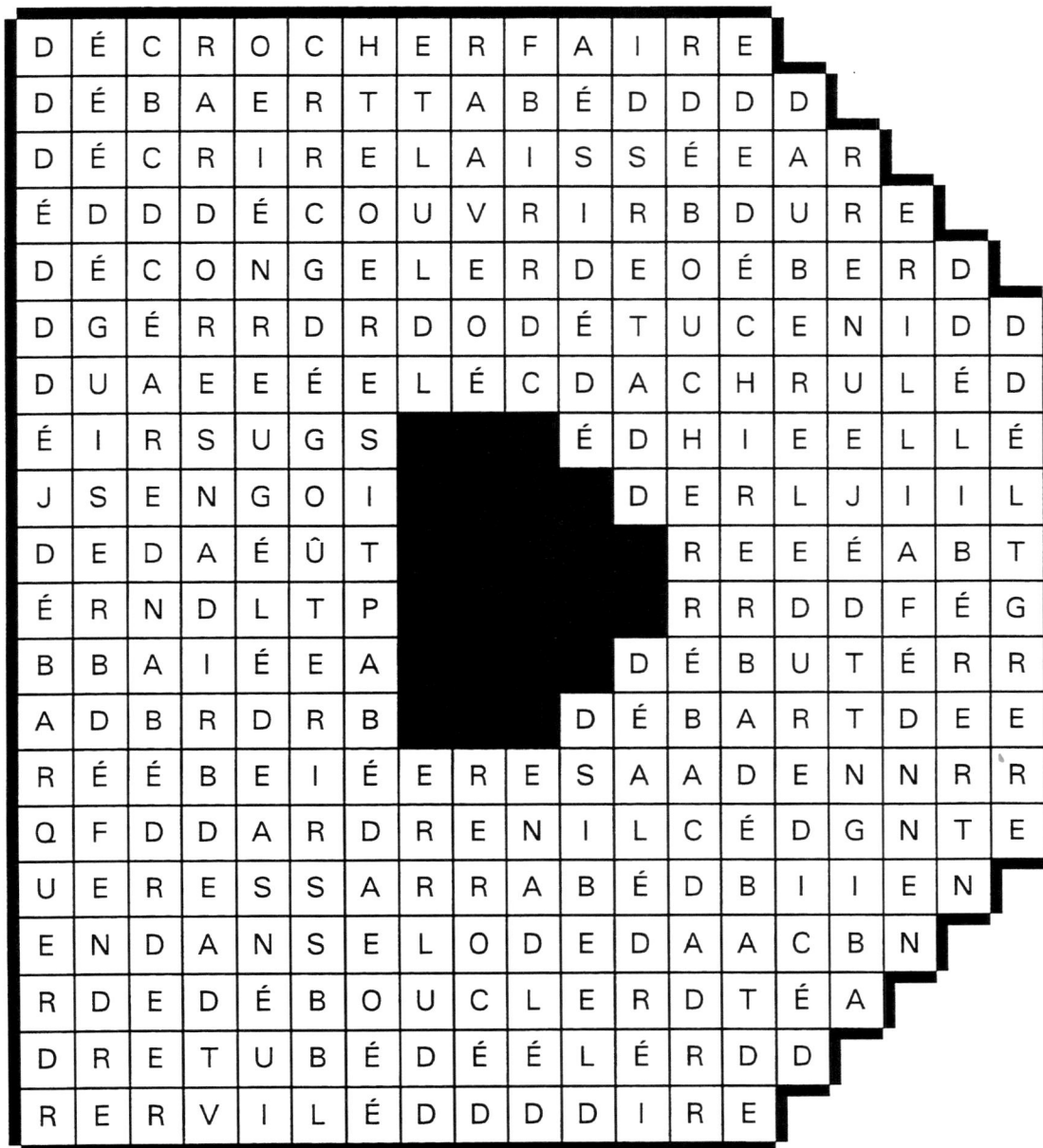

The Future Tense

There are two ways to express the future. Formally, one would say, "I will go to the store tomorrow." Conversationally, however, one says, "I am going to go to the store tomorrow." For this exercise, just locate the "will" form of the French verb.

___	1.	je danserai	a.	they will debate
___	2.	tu décoreras	b.	he will describe
___	3.	il décrira	c.	we will decide
___	4.	elle découvrira	d.	you will decorate
___	5.	nous déjeunerons	e.	you will state
___	6.	vous débarquerez	f.	I will bleach
___	7.	je débarrasserai	g.	she will delegate
___	8.	elles débattront	h.	you will disguise
___	9.	je décolorerai	i.	they will defend
___	10.	tu déclareras	j.	we will eat lunch
___	11.	il délivrera	k.	I will clear the table
___	12.	elle déléguera	l.	I will dance
___	13.	nous déciderons	m.	he will deliver
___	14.	vous déguiserez	n.	she will discover
___	15.	ils défendront	o.	you will land

D	A	N	S	E	R	O	I	D	É	C	O	R	E	R	E	S	D	É	C
D	É	C	O	R	E	R	A	S	R	I	R	R	C	É	D	S	T	D	É
D	É	I	D	D	É	Z	E	R	E	S	I	U	G	É	D	N	D	I	D
D	É	A	D	É	É	J	E	U	N	E	S	D	É	C	O	O	A	É	É
É	É	R	O	É	C	D	É	N	S	A	I	S	É	R	Z	R	D	A	D
A	R	E	C	D	B	O	D	É	R	D	N	A	D	C	E	E	T	R	A
R	E	R	R	I	É	A	U	E	C	O	A	N	D	S	R	D	N	T	N
E	S	O	E	D	D	L	R	V	R	I	E	N	S	É	E	I	O	T	S
R	I	L	D	É	É	A	I	E	R	F	D	A	S	U	U	C	R	T	E
V	U	O	I	B	L	L	N	V	É	I	R	E	G	E	Q	É	T	A	R
I	G	C	C	C	U	U	I	D	R	R	R	É	É	D	R	D	T	B	A
L	É	É	É	D	E	T	É	V	A	E	D	A	D	É	A	D	A	É	I
É	D	D	D	J	D	É	E	B	D	S	É	C	R	I	B	A	B	D	D
D	É	C	É	A	R	E	É	Z	É	A	R	E	U	G	É	L	É	D	É
D	É	D	U	T	E	D	T	N	A	R	D	N	E	F	D	É	D	D	É

The Conversational Future - "going to"

In order to express this form of the future, we need to do two things. First, we must use the present tense of the "go" verb, which, in French, is "aller". "Aller", like many other verbs in French, is irregular. This means that we must memorize its conjugation because it does not fit a regular pattern. The present tense of aller is as follows:

Aller - to go			
je vais	I am going	nous allons	we are going
tu vas	you (familiar) are going	vous allez	you (plural/formal) are going
il, elle, on va	he, she, one is going	ils, elles vont	they are going

Second, we add the infinitive of the verb indicating what we are "going to do". Remember, the infinitive is the verb prior to any conjugation.

For example, I am going to dance = 1. I am going = Je vais
2. to dance = danser

Answer: Je vais danser.

Try this matching exercise just for fun!

____	1.	je vais danser	a.	he is going to dance
____	2.	tu vas débander	b.	she is going to land
____	3.	il va débaptiser	c.	she is going to delegate
____	4.	elle va débarquer	d.	they are going to debate
____	5.	nous allons débarrasser	e.	they are going to state
____	6.	vous allez débattre	f.	I am going to decide
____	7.	ils vont décider	g.	he is going to rename
____	8.	elles vont déclarer	h.	you are going to relax
____	9.	Je vais déjeuner	i.	they are going to clear
____	10.	tu vas déléguer	j.	he is going to eat lunch
____	11.	il va danser	k.	we are going to rename
____	12.	elle va débander	l.	you are going to state
____	13.	nous allons débaptiser	m.	I am going to dance
____	14.	vous allez débarquer	n.	we are going to clear
____	15.	ils vont débarrasser	o.	you are going to land
____	16.	elles vont débattre	p.	she is going to relax
____	17.	je vais décider	q.	you are going to delegate
____	18.	tu vas déclarer	r.	you are going to debate
____	19.	il va déjeuner	s.	I am going to eat lunch
____	20.	elle va déléguer	t.	they are going to decide

✓	VERB	PRONUNCIATION	DEFINITION(S)
	ébahir	ay-bah-eer	to astound; to amaze
	écailler	ay-kah-yay	to scale; to shell (fish; oysters)
	échanger	ay-shahn-zhay	to exchange
	échauffer	ay-shoh-fay	to heat
	éclaircir	ay-klehr-seer	to clear up
	éclairer	ay-kleh-ray	to illuminate
	éclater	ay-klah-tay	to burst; to explode
	éclipser	ay-kleep-say	to overshadow; to eclipse
	éclore	ay-klohr	to hatch; to bloom
	économiser	ay-koh-noh-mee-zay	to economize; to save money
	écouter	ay-koo-tay	to listen to
	écraser	ay-krah-zay	to crush
	écrémer	ay-kray-may	to cream; to skim milk
	écrire	ay-kreer	to write
	édifier	ay-dee-fyay	to build
	éditer	ay-dee-tay	to edit
	éduquer	ay-doo-kay	to educate
	effacer	eh-fah-say	to erase
	effectuer	eh-fehk-too-ay	to accomplish; to perform
	égaliser	ay-gah-lee-zay	to equalize
	élaborer	ay-lah-boh-ray	to elaborate
	élargir	ay-lahr-zheer	to widen
	élever	ayl-vay	to lift; to raise
	éliminer	ay-lee-mee-nay	to eliminate
	élire	ay-leer	to choose; to elect
	éluder	ay-loo-day	to evade; to elude
	émailler	ay-mah-yay	to glaze; to enamel
	émanciper	ay-mahn-see-pay	to emancipate
	embêter	ahn-beh-tay	to annoy
	embrasser	ahn-brah-ssay	to hug; to kiss

E	M	B	R	A	S	S	E	R	S	O	N	R	E	L	L	I	A	M	É
S	R	O	R	T	É	L	A	R	G	I	R	I	C	R	I	A	L	C	É
É	R	E	U	Q	U	D	É	I	E	F	F	E	C	T	U	E	R	R	É
C	H	A	S	C	R	E	T	Ê	B	M	E	É	B	A	H	I	R	U	N
É	G	A	L	I	S	E	R												
C	D	H	A	C	M	E	N												
É	D	I	T	E	R	O	E												
C	E	F	F	O	C	E	N												
R	E	F	L	I	R	E	E	O	R	E	V	E	L	É					
É	E	C	F	E	E	C	N	U	C	Ê	E	R	É	C					
M	É	S	L	A	R	R	I	R	T	É	L	I	R	E					
E	E	R	P	T	I	É	M	A	N	C	I	P	E	R					
R	E	E	R	I	A	S	T												
E	E	F	E	S	L	T	L												
E	F	F	R	R	C	C	É												
R	F	U	O	E	É	C	É												
L	A	A	B	D	A	R	T	I	S	A	É	C	H	A	N	G	E	R	N
D	C	H	A	U	E	É	C	R	I	R	E	R	E	N	I	M	I	L	É
C	E	C	L	L	M	R	E	S	A	R	C	É	É	C	O	U	T	E	R
D	R	É	É	É	C	L	A	T	E	R	E	R	E	L	L	I	A	C	É

"Every individual is the architect of his or her own fate"

	_ _ _ _ _ _ _	_ _ _	_'_ _ _ _ _ _ _ _ _
LINE:	***4***	***13***	***17***
	_ _	_ _ _	_ _ _ _ _
LINE:	***20***	***1***	***2***

Le Passé Composé - Past Tense

The passé composé is used to express the completion of an action in the past. It is "composed" of two parts: the present tense of the auxiliary verb, "avoir" or "être", and a past participle. The verbs in this puzzle require the auxiliary verb, "avoir".

___	1.	j'ai effacé	a.	he heated
___	2.	tu as édité	b.	you wrote
___	3.	il a échangé	c.	you crushed
___	4.	elle a échauffé	d.	I elaborated
___	5.	nous avons économisé	e.	we saved
___	6.	vous avez embrassé	f.	you lifted; raised
___	7.	ils ont éludé	g.	we built
___	8.	j'ai élaboré	h.	they evaded
___	9.	tu as écrit	i.	you edited
___	10.	il a écouté	j.	he listened
___	11.	nous avons édifié	k.	they eliminated
___	12.	vous avez écrasé	l.	he exchanged
___	13.	elles ont éliminé	m.	I erased
___	14.	j'ai émancipé	n.	I freed
___	15.	tu as élevé	o.	you hugged; kissed

É	S	S	A	R	B	M	E	Z	E	V	A	S	U	O	V	J	A	V	N
N	I	É	S	I	M	O	N	O	C	É	S	N	O	V	A	S	U	O	N
I	E	F	F	F	A	C	É	T	U	A	S	E	D	I	É	V	U	U	S
M	J	A	I	É	M	A	N	C	I	P	É	T	A	T	J	S	V	S	E
I	I	A	I	D	A	E	M	A	R	C	I	P	I	T	A	É	U	A	Z
L	L	J	I	A	É	L	E	V	I	R	V	D	N	V	I	D	U	V	É
É	A	A	I	E	L	S	E	L	C	O	É	U	O	V	É	U	S	E	G
T	É	I	É	T	F	U	N	É	U	S	I	N	U	E	L	L	A	Z	N
N	L	É	N	C	U	F	S	O	A	L	S	S	S	L	A	É	V	É	A
O	A	C	O	O	O	A	A	U	V	É	A	A	A	L	B	T	E	C	H
S	R	R	U	V	U	U	T	C	C	A	I	U	V	E	O	N	Z	R	C
E	G	I	S	T	M	S	T	R	É	L	S	T	O	O	R	O	É	A	É
L	I	S	E	L	L	E	A	É	C	H	A	U	F	F	É	S	C	S	A
L	N	O	U	S	A	S	O	N	S	E	L	B	O	R	L	L	R	É	L
E	T	U	A	S	É	L	E	V	É	N	O	U	S	N	E	I	I	É	I

Place-A-Verb

Each of the following verbs belong in the grid.

6 letters	7 letters	8 letters	9 letters
éclore	éclater	écailler	échauffer
écrire	écraser	échanger	effectuer
élever	écrémer	éclairer	émanciper
éluder	édifier	égaliser	embrasser
	effacer	élaborer	
	élargir		
	embêter		

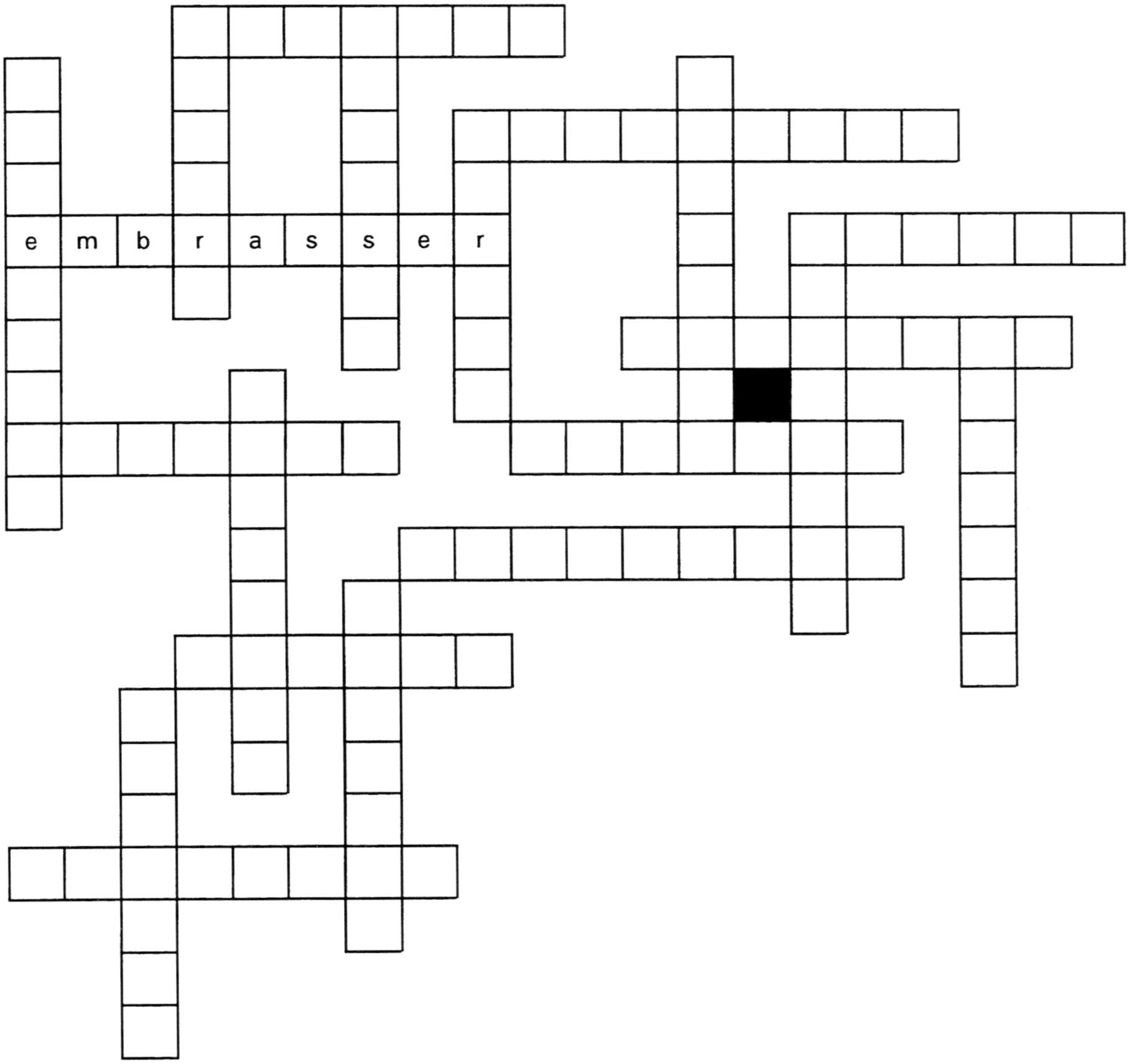

✓	VERB	PRONUNCIATION	DEFINITION(S)
	fabriquer	fah-bree-kay	to manufacture
	faciliter	fah-see-lee-tay	to make easy; to facilitate
	facturer	fahk-too-ray	to invoice
	faiblir	feh-bleer	to weaken
	faire	fehr	to do; to make
	falsifier	fahl-see-fyay	to falsify
	familiariser	fah-mee-lyah-ree-zay	to familiarize
	fanfaronner	fahn-fah-roh-nay	to boast; to brag
	farcir	fahr-seer	to stuff
	fariner	fah-ree-nay	to flour
	fatiguer	fah-tee-gay	to weary; to tire
	favoriser	fah-voh-ree-zay	to favor
	féliciter	fay-lee-see-tay	to congratulate
	fermer	fehr-may	to close
	feuilleter	foy-tay	to leaf through; to make flaky
	filtrer	feel-tray	to filter
	financer	fee-nahn-say	to finance
	finir	fee-neer	to finish
	fixer	feek-say	to fasten
	fleurer	fluh-ray	to smell of
	fleurir	fluh-reer	to bloom
	florir	floh-reer	to flourish
	foncer	fohn-say	to darken
	forcer	fohr-say	to force
	formaliser	fohr-mah-lee-zay	to formalize
	former	fohr-may	to form; to shape
	formuler	fohr-moo-lay	to formulate
	fortifier	fohr-tee-fyay	to fortify
	fournir	foor-neer	to furnish
	fracturer	frahk-too-ray	to fracture

L	F	I	N	A	N	C	E	R	E	S	F	A	V	O	R	I	S	E	R
F	É	L	I	C	I	T	E	R	I	N	I	F	R	I	L	B	I	A	F
R	L	L	F	L	E	U	R	I	R	R	E	R	U	T	C	A	R	F	A
E	F	O	T	R	Q	A	N	S	P	O	R	T	E	F	O	N	C	E	R
R	F	O	R	I	F	I	X	E	R	E	N	N	O	R	A	F	N	A	F
T	R	I	R	I	R	F	R												
L	O	B	E	M	R	I	R												
I	A	V	R	I	A	R	E												
F	F	F	R	F	A	L	S	I	F	I	E	R	F	A	N				
F	L	E	R	E	U	G	I	T	A	F	E	R	M	E	R				
M	E	U	O	F	R	R	R	S	N	T	A	G	N	E	S				
R	U	I	F	O	E	I	A	R	E	L	U	M	R	O	F				
E	R	L	R	R	C	C	I	F	A	R	I	N	E	R	A				
T	E	L	E	T	R	R	L												
I	R	E	M	I	O	A	I												
L	A	T	R	F	F	F	M												
I	R	E	O	I	O	I	A												
C	F	R	F	E	O	I	F												
A	R	I	N	R	U	O	F												
F	A	C	T	U	R	E	R												

"Faith will move mountains"

_ _   _ _ _   _ _ _ _ _ _ _ _ _ _ _

LINE #:   ***3***   ***18***   ***4***

_ _ _   _ _ _ _ _ _ _ _ _ _

LINE #:   ***1***   ***11***

L'imparfait - The Imperfect

The imperfect tense is used when describing background information in the past, or a repeated action in the past. (For example: "Yesterday, it was raining.", or "When I was a child, I used to go to the shore every summer.")

___	1.	je fournissais	a.	you used to fix
___	2.	tu filtrais	b.	we used to weaken
___	3.	il favorisait	c.	he used to congratulate
___	4.	nous faiblissions	d.	you used to filter
___	5.	vous finissiez	e.	they used to formulate
___	6.	ils falsifiaient	f.	I used to make
___	7.	je fabriquais	g.	he used to favor
___	8.	tu fixais	h.	we used to close
___	9.	elle forçait	i.	you used to fortify
___	10.	nous fermions	j.	you used to finish
___	11.	vous formiez	k.	she used to force
___	12.	elles formulaient	l.	I used to furnish
___	13.	je faisais	m.	you used to form
___	14.	tu fortifiais	n.	I used to manufacture
___	15.	il félicitait	o.	they used to falsify

E	L	L	E	S	F	O	R	M	U	L	A	I	E	N	T	F	T	F	T
F	I	B	L	I	S	S	T	A	T	I	C	I	L	É	F	J	U	A	N
S	L	F	L	F	J	S	T	U	V	O	U	Z	F	O	E	U	F	V	E
I	F	O	E	S	I	F	I	A	F	F	E	L	I	F	A	R	O	O	I
A	É	R	F	I	E	N	O	A	I	I	É	C	A	L	R	N	R	R	A
U	L	Ç	O	A	F	F	I	R	S	B	X	I	S	I	M	I	T	I	I
Q	I	E	R	R	O	O	A	S	M	S	S	A	E	T	U	S	I	S	F
I	C	I	Ç	T	R	Ç	I	I	S	A	I	L	I	T	L	A	F	E	I
R	I	M	A	L	M	N	Ç	A	I	I	L	N	R	S	A	I	I	R	S
B	T	R	I	I	I	F	I	S	E	R	A	I	R	T	I	S	A	R	L
A	A	E	T	F	S	N	O	I	M	R	E	F	S	U	O	N	I	E	A
F	I	F	S	U	É	F	I	X	E	R	F	I	L	T	O	E	S	X	F
E	T	U	É	T	E	L	T	I	A	S	I	R	O	V	A	F	L	I	S
J	O	Ç	É	J	V	O	U	S	F	O	R	M	I	E	Z	F	E	F	L
V	É	S	N	O	I	S	S	I	L	B	I	A	F	S	U	O	N	J	I

Every word in its place...

5 letters	6 letters	7 letters	8 letters	9 letters
faire	farcir	fariner	facturer	fabriquer
finir	florir	filtrer	financer	falsifier
fixer	foncer	fournir	formuler	favoriser
	forcer			féliciter
	former			fortifier
				fracturer

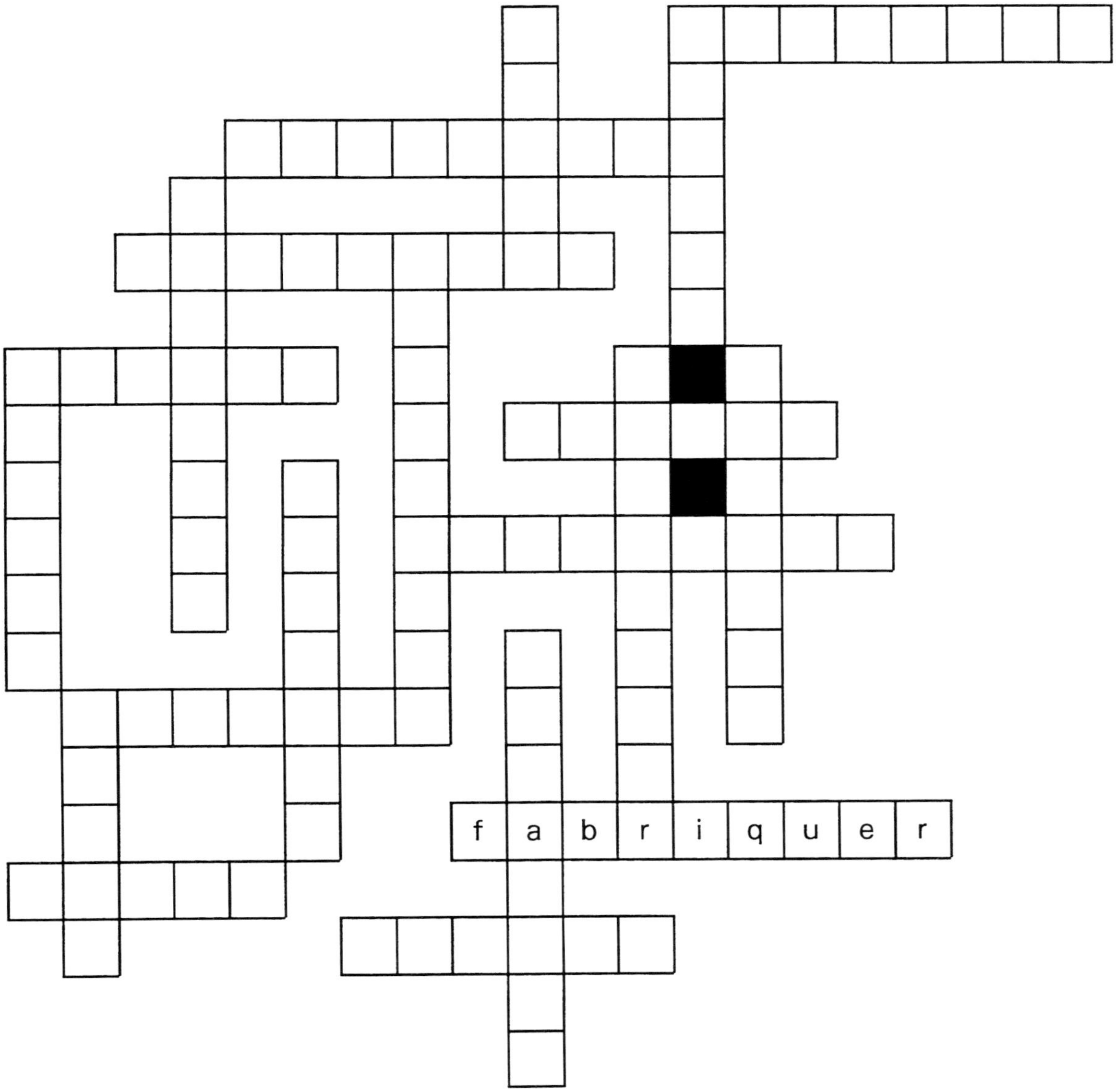

✓	VERB	PRONUNCIATION	DEFINITION(S)
	gager	gah-zhay	to wager; to bet
	gagner	gah- nyay	to win
	galoper	gah-loh-pay	to gallop
	galvaniser	gahl-vah-nee-zay	to galvanize
	garantir	gah-rahn-teer	to guarantee
	garder	gahr-day	to keep; to guard
	garer	gah-ray	to park; to dock
	garnir	gahr-neer	to furnish; to garnish
	gaspiller	gahs-pee-yay	to waste
	gâter	gah-tay	to spoil; to pamper
	geler	zheh-lay	to freeze
	gémir	zhay-meer	to moan, to groan
	généraliser	zhay-nay-rah-lee-zay	to generalize
	germer	zhehr-may	to sprout
	glacer	glah-say	to chill; to freeze
	glisser	glee-ssay	to glide; to slide
	glorifier	gloh-ree-fyay	to glorify
	gommer	goh-may	to erase
	gonfler	gohn-flay	to inflate
	goûter	goo-tay	to taste
	gouverner	goo-vehr-nay	to govern
	graduer	grah-doo-ay	to graduate
	graisser	greh-ssay	to grease
	grandir	grahn-deer	to grow
	granuler	grah-noo-lay	to granulate
	gratifier	grah-tee-fyay	to gratify
	gratter	grah-tay	to scratch; to scrape
	graver	grah-vay	to engrave
	gravir	grah-veer	to climb
	griller	gree-yay	to roast (coffee); to toast

R E N C O N T R G E N T G
G A R A N T I R A L I E R Â S
E R E L L I R G L S P R I I T T S
G R I D N A R G V E S P É R N E I T S
G N L E É R G R A D U E R G L R R I S Â
R A R I R E R N G R E I F I T A R G É Û
E A R E S A I L R G G G A
N L E D N S G S
R G G R E G E F
E O O R E R A R E G E R M G R
V Û N G I S I G G R G E L E R
U T F L L M I S É E L L I R G
O E L G É A T L R A L G M
G R E G R A C N A G D I A E
S G R A V I R E G R E G P L R
G G R A I S S E R A É R A N D O S O S
G R A R E T T A R G N N D S M A P G
R E I F I R O L G E É S E M G E V
G G R A V E R G A R G N E R R
G R A N U L E R G R A R N

" Great minds think alike "

_ _ _   _ _ _ _ _ _ _ _   _ _ _ _ _ _ _ _ _

Line: **8** **16** **3**

_ _   _ _ _ _ _ _ _ _ _ _ _ _ _ _

Line: **15** **1**

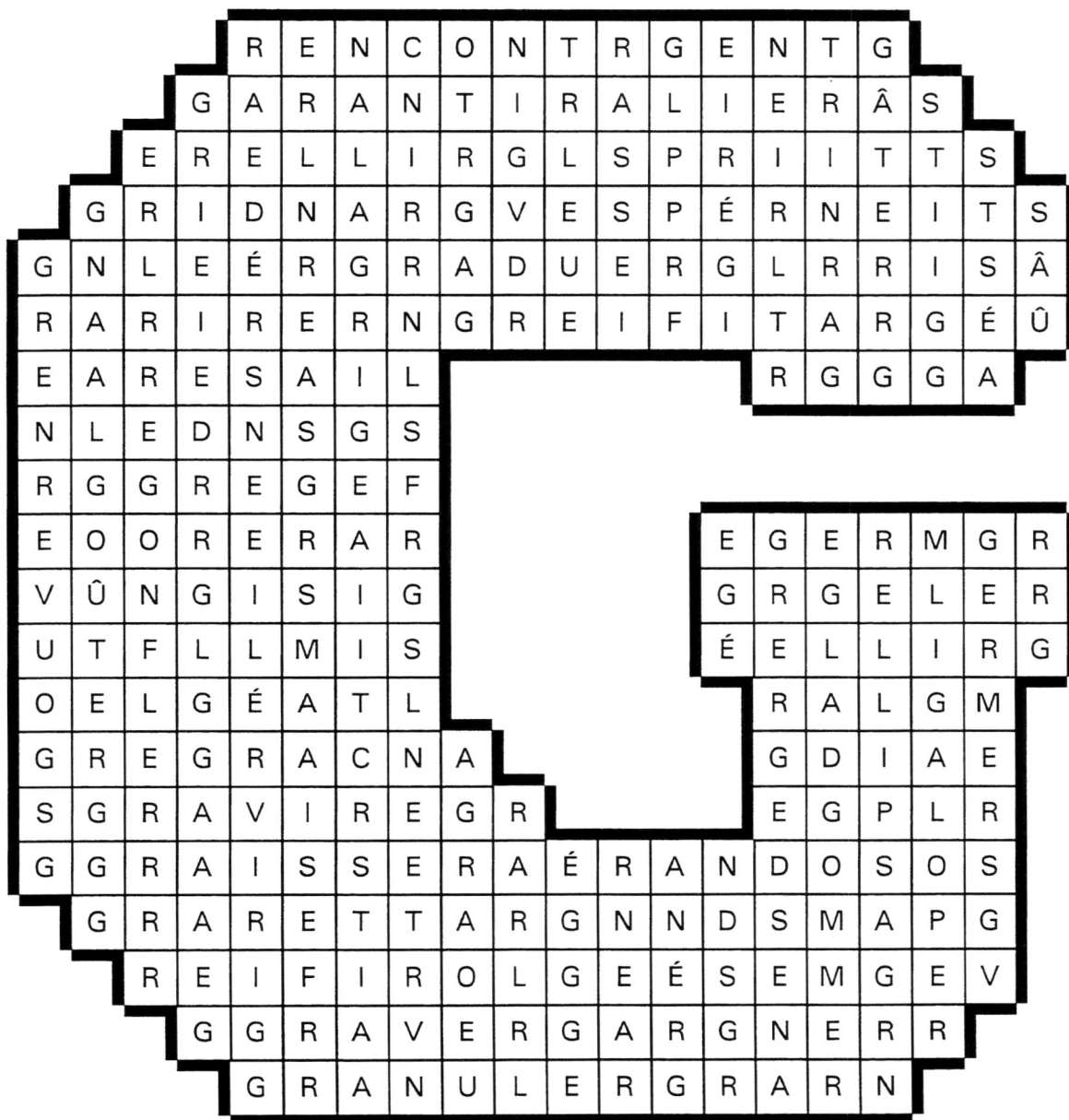

Le Conditionnel - The Conditional Tense

The conditional tense is the "would" tense.

___	1.	je goûterais	a.	he would win
___	2.	tu glisserais	b.	she would scratch
___	3.	il gagnerait	c.	we would freeze
___	4.	nous gèlerions	d.	they would engrave
___	5.	vous grandiriez	e.	you would waste
___	6.	ils garantiraient	f.	you would slide
___	7.	je garderais	g.	we would park; dock
___	8.	tu gagerais	h.	you would erase
___	9.	elle gratterait	i.	I would guard
___	10.	nous garerions	j.	I would climb
___	11.	vous gommeriez	k.	he would spoil
___	12.	elles graveraient	l.	you would grow
___	13.	je gravirais	m.	they would guarantee
___	14.	tu gaspillerais	n.	you would bet
___	15.	il gâterait	o.	I would taste

J	S	I	L	G	Â	T	E	R	A	I	T	È	L	V	O	Û	I	J	T
T	T	N	N	O	U	S	G	A	R	E	R	I	O	N	S	L	L	E	U
I	U	E	O	S	I	A	R	E	G	A	G	U	T	È	S	S	G	G	G
A	G	Z	E	I	R	E	M	M	O	G	S	U	O	V	I	L	A	O	A
R	L	V	L	G	R	G	E	T	Â	G	L	I	G	A	Û	È	G	Û	S
E	I	O	E	L	L	E	S	G	R	A	V	E	R	A	I	E	N	T	P
T	S	U	G	L	L	O	L	A	È	L	L	I	P	G	A	L	E	E	I
T	S	S	R	O	L	L	N	È	Û	G	V	I	L	S	G	L	R	R	L
A	E	G	T	Û	M	D	E	Û	G	A	A	G	N	E	A	E	A	A	L
R	R	R	T	È	I	G	R	A	R	S	L	I	P	S	A	G	I	I	E
G	A	A	E	R	A	E	M	G	G	T	U	G	O	Û	T	E	T	S	R
E	I	N	I	G	È	L	E	E	T	A	E	O	G	L	I	S	S	E	A
L	S	E	U	T	U	J	È	L	R	U	R	R	N	E	D	R	A	G	I
L	Z	T	T	N	E	I	A	R	I	T	N	A	R	A	G	S	L	I	S
E	I	L	S	J	E	G	A	R	D	E	R	A	I	S	E	V	A	R	G

Crossword

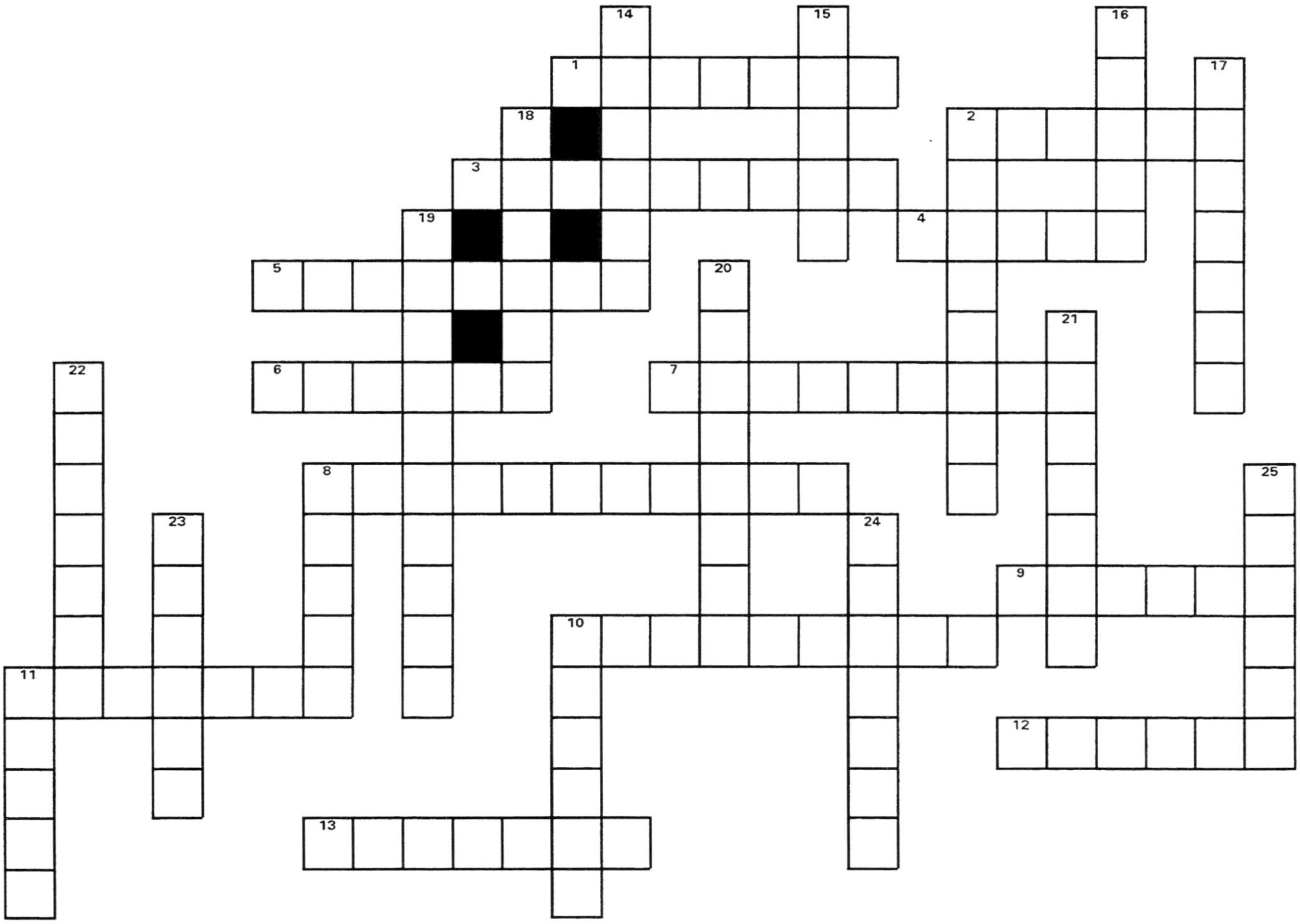

ACROSS

1. To process coffee beans.
2. To eradicate.
3. A politician's job is ___.
4. One has ___ in order to gamble.
5. To insure.
6. To mount.
7. Time is not something ___.
8. To make a general statement.
9. To bud.
10. To praise.
11. One must pass in order ___ .
12. Opposite of to lose.
13. A horse's gait.

DOWN

2. To make into granules.
8. To ___ a car; to ____ a boat.
10. We put food on ice ____ it.
11. To damage; to spoil.
14. To inscribe in metal.
15. To freeze.
16. To moan.
17. Water helps a plant ____.
18. To sample food.
19. To protect against rust.
20. To lube.
21. To grate; to rasp.
22. We use helium _____ balloons.
23. To protect.
24. To slide.
25. To fill a home with furniture.

✓	VERB	PRONUNCIATION	DEFINITION(S)
	habiller	ah-bee-yay	to dress
	habiter	ah-bee-tay	to live; to inhabit
	habituer	ah-bee-too-ay	to accustom; to habituate
	hacher	ah-shay	to chop
	haïr	ah-eer	to detest
	hâler	ah-lay	to sunburn
	haleter	ahl-tay	to pant; to gasp
	halluciner	ah-loo-see-nay	to hallucinate
	hanter	ahn-tay	to haunt
	haranguer	ah-rahn-gay	to address (a crowd)
	harasser	ah-rah-ssay	to exhaust; to tire
	harmoniser	arh-moh-nee-zay	to harmonize
	hasarder	ah-zahr-day	to risk
	hausser	oh-ssay	to raise; to shrug (shoulders)
	héberger	ay-behr-zhay	to lodge; to house
	hériter	ay-ree-tay	to inherit
	hésiter	ay-zee-tay	to hesitate
	hiverner	ee-vehr-nay	to hibernate
	honorer	oh-noh-ray	to honor
	horrifier	oh-ree-fyay	to horrify
	hospitaliser	ohs-pee-tah-lee-zay	to hospitalize
	huiler	wee-lay	to lubricate; to oil
	humaniser	ooh-mah-nee-zay	to humanize
	humecter	ooh-mehk-tay	to moisten; to dampen
	humidifier	ooh-mee-dee-fyay	to humidify
	humilier	ooh-mee-lyay	to humiliate
	hurler	oohr-lay	to howl
	hydrater	ee-drah-tay	to hydrate
	hypnotiser	eep-noh-tee-zay	to hypnotize
	hypothéquer	ee-poh-tay-kay	to mortgage

R	E	T	I	S	É	H							H	A	B	I	T	E	R
E	R	E	L	O	H	U							O	A	H	Y	P	E	H
T	M	E	A	N	R	I							S	G	N	E	U	R	A
A	R	H	N	E	O	L							P	H	Â	T	É	E	L
R	D	E	L	R	E	E							I	É	I	R	E	D	L
D	D	R	I	E	E	R							T	B	S	E	R	R	U
Y	U	H	Â	L	E	V							A	E	H	H	E	A	C
H	U	M	I	D	I	F	I	E	R	H	O	H	L	R	N	C	R	S	I
G	H	Â	L	E	R	M	R	H	I	V	U	E	I	G	S	A	O	A	N
Y	D	R	A	H	E	H	U	R	R	L	H	M	S	E	R	H	N	H	E
E	R	Ï	A	Y	I	R	H	H	A	E	Ï	A	E	R	R	Â	O	H	R
H	E	B	H	P	F	E	H	U	M	E	U	C	R	C	T	Ï	H	E	R
H	U	M	A	N	I	S	E	R	F	A	U	Q	H	A	T	T	A	E	E
A	G	R	U	O	R	I							É	H	S	E	B	H	T
B	N	D	S	T	R	N							R	H	E	S	R	S	E
I	A	Y	S	I	O	O							I	H	T	C	E	E	L
L	R	F	E	S	H	M							T	A	U	O	T	R	A
L	A	M	R	E	E	R							E	R	L	E	P	S	H
E	H	A	Â	R	Ï	A							R	T	A	R	D	Y	H
R	I	R	O	N	O	H							H	Â	L	E	É	H	H

" Half a loaf is better than none "

	_ _ _ _ _ _	_ _	_ _ _ _ _ _ _	
LINE #:	***13***	***5***	***9***	
	_ _	_ _ _ _ _ _	_ _ _	_ _ _ _ _ _ _
LINE #:	***8***	***3***	***6***	***18***

The pluperfect is a compound tense; as is the passé composé on page 19. The difference is that the auxiliary verb, avoir, is in the imperfect tense.

___	1.	j'avais habillé	a.	he had chopped
___	2.	vous aviez hésité	b.	you had hesitated
___	3.	tu avais habité	c.	I had mortgaged
___	4.	elles avaient hasardé	d.	he had horrified
___	5.	il avait haché	e.	they had risked
___	6.	j'avais hypothéqué	f.	you had lived
___	7.	ils avaient hérité	g.	I had oiled
___	8.	j'avais huilé	h.	we had honored
___	9.	il avait horrifié	i.	I had dressed
___	10.	nous avions honoré	j.	they had inherited

V	O	U	S	I	L	S	A	V	A	I	E	N	T	H	É	R	I	T	É
V	O	U	S	A	V	E	Z	H	E	S	T	É	J	A	H	A	L	J	H
N	O	U	S	A	V	I	O	N	S	H	O	N	O	R	É	U	A	V	A
É	I	E	S	E	H	S	N	O	I	V	A	S	U	O	N	V	V	O	B
H	I	L	S	A	L	É	É	T	I	B	A	H	S	I	A	V	A	U	T
C	L	E	S	É	V	L	E	L	L	E	S	A	V	I	A	E	I	S	I
A	A	J	A	V	A	I	S	H	U	I	L	É	S	N	T	H	T	A	L
H	V	L	É	É	A	V	E	A	V	É	D	H	R	A	S	A	H	V	L
T	É	T	I	S	É	H	Z	E	I	V	A	S	U	O	V	A	O	R	É
I	I	L	A	V	A	I	E	H	H	B	O	R	R	I	F	I	R	E	H
A	E	L	L	E	S	A	V	A	I	E	N	T	H	A	S	A	R	D	É
V	N	O	U	S	A	V	I	L	N	O	L	A	V	I	O	N	I	A	S
A	A	S	A	H	T	N	L	E	I	T	A	I	A	S	L	I	F	S	I
L	T	U	A	V	A	É	S	H	É	R	I	T	T	I	L	A	I	A	T
I	T	J	A	V	A	I	S	H	Y	P	O	T	H	É	Q	U	É	H	O

Crossword

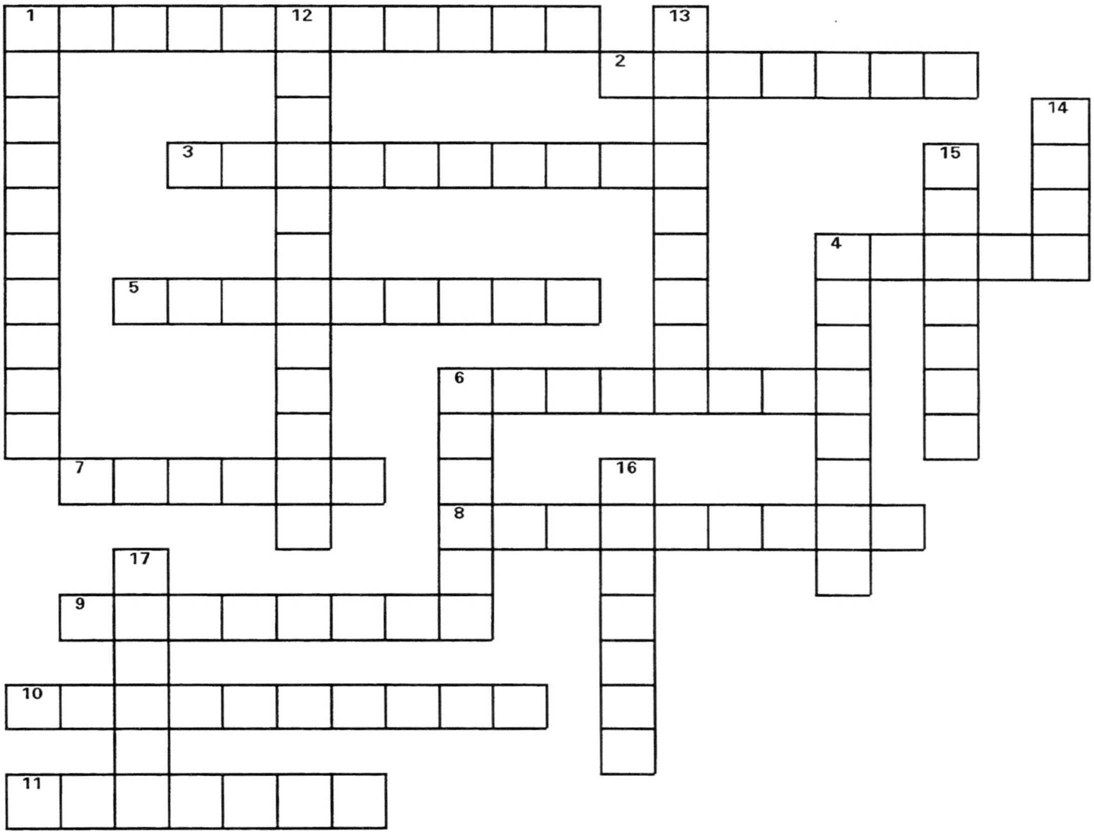

ACROSS

1. to mortgage
2. to praise
3. to mystify
4. to sunburn
5. to speak publicly
6. to hibernate
7. to howl
8. to make human
9. to dampen
10. to hallucinate
11. to inherit

DOWN

1. to harmonize
4. to hydrate
6. to chop
12. to hospitalize
13. to frighten greatly
14. to detest
15. to pant
16. to live
17. to oil

✓	VERB	PRONUNCIATION	DEFINITION(S)
	idéaliser	ee-day-ah-lee-zay	to idealize
	identifier	ee-dehn-tee-fyay	to identify
	idolâtrer	ee-doh-lah-tray	to idolize; to worship
	ignorer	ee-nyoh-ray	to ignore
	illuminer	ee-loo-mee-nay	to illuminate
	illusionner	ee-loo-zyoh-nay	to deceive; to delude
	illustrer	ee-loos-tray	to illustrate
	imaginer	ee-mah-zhee-nay	to imagine
	imbiber	ahn-bee-bay	to saturate; to soak
	imiter	ee-mee-tay	to imitate
	immatriculer	ee-mah-tree-koh-lay	to register
	immerger	ee-mehr-zhay	to immerse
	immigrer	ee-mee-gray	to immigrate
	immobiliser	ee-moh-bee-lee-zay	to immobilize
	immuniser	ee-moo-nee-zay	to immunize
	imperméabiliser	ahn-pehr-may-ah-bee-lee-zay	to waterproof
	impliquer	ahn-plee-kay	to implicate
	implorer	ahn-ploh-ray	to beg for
	importer	ahn-pohr-tay	to import
	importuner	ahn-pohr-too-nay	to bother; to pester
	imprimer	ahn-pree-may	to stamp; to press
	improviser	ahn-proh-vee-zay	to improvise
	inaugurer	ee-noh-goo-ray	to inaugurate
	incarcérer	een-kahr-say-ray	to incarcerate
	incarner	ahn-kahr-nay	to incarnate
	incendier	ahn-sahn-dyay	to set on fire
	inciter	ahn-see-tay	to incite
	incliner	ahn-klee-nay	to incline; to slope
	inclure	ahn-kloor	to enclose; to include
	incorporer	ahn-kohr-poh-ray	to merge; to incorporate

R	E	S	I	L	I	B	A	É	M	R	E	P	M	I	B	I	E	N	I
I	D	E	N	T	I	F	I	E	R	E	P	R	I	O	F	I	T	E	M
I	M	M	U	N	I	S	E	R	É	L	R	E	N	I	M	U	L	L	I
Â	I	I	M	P	R	I	M	E	R	U	I	N	C	I	T	E	R	I	T
I	M	M	R	E	R	O	P	R	O	C	N	I	A	I	M	P	R	O	E
R	E	N	I	G	A	M	I	T	J	I	C	D	R	A	M	A	I	S	R
I	M	M	O	B	I	L	I	S	E	R	L	O	C	A	C	Q	U	I	S
						E	M	U	I	T	I	L	É						
						B	P	L	N	A	N	Â	R						
						I	O	L	I	M	E	T	E						
						B	R	I	U	M	R	R	R						
						M	T	M	A	I	P	E	L						
						I	U	U	G	R	E	R	R						
I	L	L	U	S	I	O	N	N	E	R	E	R	O	L	P	M	I	N	E
I	N	R	E	I	D	N	E	C	N	I	C	O	R	V	P	O	R	E	R
I	I	N	A	U	G	U	R	E	R	I	D	É	A	L	I	S	E	R	A
R	E	N	R	A	C	N	I	I	I	N	C	L	U	R	E	S	É	Â	L
I	G	N	O	R	E	R	E	R	G	I	M	M	I	I	D	O	E	T	C
I	R	E	B	I	B	M	I	B	I	B	I	M	P	O	R	T	E	R	N
I	M	P	L	I	Q	U	E	R	M	A	L	R	E	G	R	E	M	M	I

" Ill-gotten gains seldom prosper "

	____	___	_______
LINE #:	***1***	***20***	***7***
	__	________	_______
LINE #:	***14***	***2***	***6***

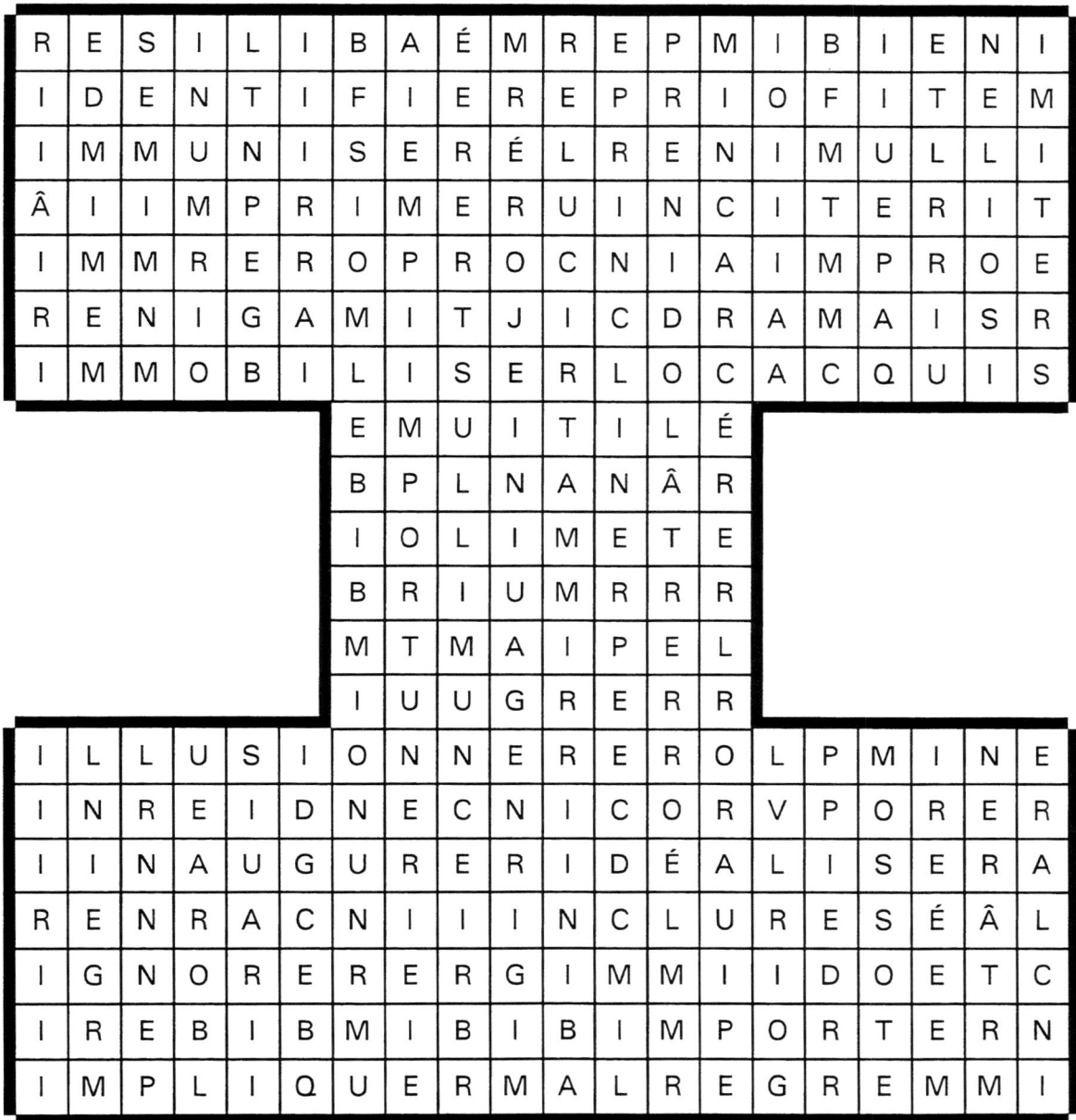

Le Futur Antérieur - The Future Perfect

The future perfect is used to express an action which will occur in the future before another action in the future. For example: By the time I speak with you tomorrow, I will have already read the manuscript. The auxiliary verb is in the future tense.

___	1.	j'aurai identifié	a.	they will have illustrated
___	2.	j'aurai immigré	b.	you will have soaked
___	3.	j'aurai inclus	c.	you will have imitated
___	4.	tu auras imité	d.	she will have improvised
___	5.	tu auras impliqué	e.	I will have included
___	6.	tu auras immunisé	f.	they will have imagined
___	7.	il aura incorporé	g.	you will have implicated
___	8.	il aura imprimé	h.	you will have immunized
___	9.	elle aura improvisé	i.	he will have incorporated
___	10.	nous aurons importé	j.	we will have imported
___	11.	nous aurons illuminé	k.	I will have immigrated
___	12.	vous aurez ignoré	l.	you will have ignored
___	13.	vous aurez imbibé	m.	I will have identified
___	14.	ils auront illustré	n.	he will have stamped
___	15.	elles auront imaginé	o.	we will have illuminated

É	N	O	U	S	A	U	R	O	N	S	I	L	L	U	M	I	N	É	I
I	I	D	E	É	R	O	N	G	I	Z	E	R	U	A	S	U	O	V	L
F	I	L	A	U	R	A	I	M	P	R	I	M	É	J	A	U	R	A	A
I	T	U	A	U	R	É	T	I	M	I	S	A	R	U	A	U	T	I	U
T	U	A	U	R	A	S	I	M	P	L	I	Q	U	É	V	O	V	L	R
N	I	L	S	A	U	R	O	N	T	I	L	L	U	S	T	R	O	A	A
E	É	R	T	S	U	L	L	I	T	N	O	R	U	A	S	L	I	U	I
D	I	G	N	O	J	A	U	R	A	I	I	N	C	L	U	S	U	R	N
I	R	É	É	S	I	N	U	M	M	I	S	A	R	U	A	U	T	A	C
I	F	I	T	N	E	D	I	T	N	O	R	U	A	S	E	L	L	E	O
A	É	T	R	O	P	M	I	S	N	O	R	U	A	S	U	O	N	S	R
R	I	M	A	G	I	É	R	G	I	M	M	I	I	A	R	U	A	J	P
U	E	L	L	E	A	U	R	A	I	M	P	R	O	V	I	S	É	J	O
A	I	M	I	É	B	I	B	M	I	Z	E	R	U	A	S	U	O	V	R
J	É	N	I	G	A	M	I	T	N	O	R	U	A	S	E	L	L	E	É

From English to French...s'il vous plaît

7 letters	8 letters	9 letters	10 letters	11 letters
to include	to imagine	to idealize	to identify	to deceive
to soak	to immerse	to idolize	to improvise	to immobilize
	to immigrate	to illustrate	to incarcerate	
	to incarnate	to immunize	to incorporate	
	to incline	to implicate		
	to stamp	to inaugurate		

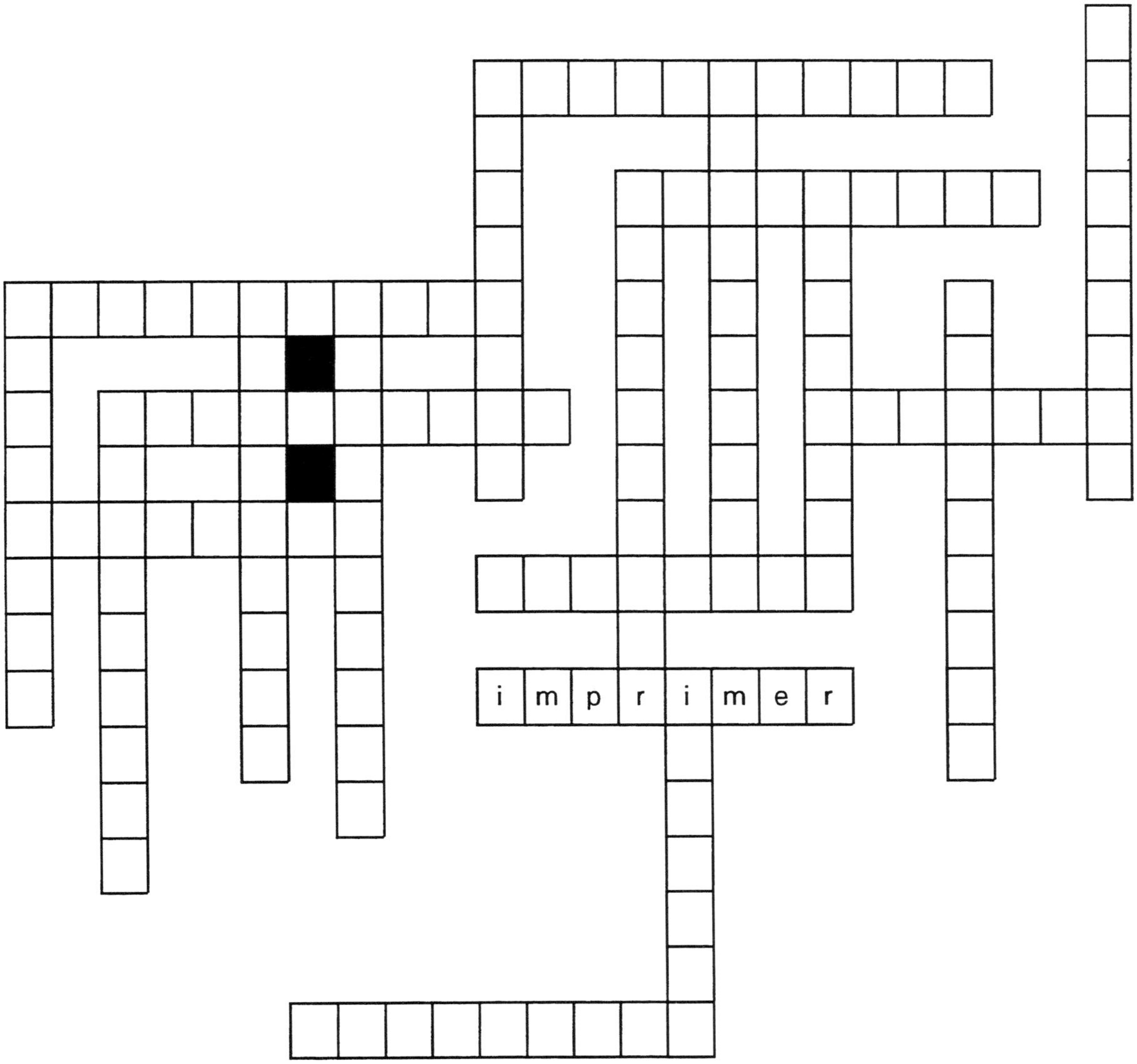

" J "

✓	VERB	PRONUNCIATION	DEFINITION(S)
	jaillir	zhah-yeer	to gush; to spout
	jalouser	zhah-loo-zay	to envy
	jardiner	zhahr-dee-nay	to garden
	jaunir	zhoh-neer	to yellow
	jeter	zheh-tay	to throw
	jeûner	zhuh-nay	to fast
	joindre	zhwahn-druh	to join
	jouer	zhoo-ay	to play
	jouir	zhoo-eer	to enjoy
	juger	zhoo-zhay	to judge
	jumeler	zhoom-lay	to couple
	jurer	zhoo-ray	to take an oath
	justifier	zhoos-tee-fyay	to justify

" K"

✓	VERB	PRONUNCIATION	DEFINITION(S)
	kidnapper	keed-nah-pay	to kidnap
	kilométrer	kee-loh-may-tray	to measure in kilos
	klaxonner	klahk-soh-nay	to honk (a horn)

L	E	J	U	R	E	R	E	N	I	D	R	A	J							
D	A	N	A	S	R	E	T	E	J	O	U	E	R							
J	A	I	L	L	I	R	J	J	U	G	E	R	A							
					O	I	J	A	M											
					J	U	U	I	E											
					E	O	S	L	L											
					Û	J	T	E	E											
					N	E	I	R	R											
					E	E	F	S	T											
J	E				R	N	I	Û	R											
J	R	E			G	U	E	N	J											
L	A	J	O	I	N	D	R	E	C											
J	A	U	N	I	R	T	O	U	T											
									V	O	R						U	R	S	
									R	E	E					K	E	D		
									E	P	N	O			U	R	R			
									P	O	N	T	X	Ç	T	N				
									P	M	O	O	É	É	S					
									A	É	X	P	M	A	N					
									N	T	A	O			O	N	P			
									D	R	L					L	O	E		
									I	I	K						I	R	I	
									K	G	A							K	O	E
									G	A	R							D	E	Z

"The jig is up!"

LINE: _ _ _ _ (***13***) _ _ _ (***9***)

LINE: _ _ _ _ (***2***) _ _ (***1***)

LINE: _ _ _ (***12***)

"Keep it under your hat!"

LINE: _ _ _ _ _ _ (***11***)

COLUMN: _ _ (***6 down***)

LINE: _ _ _ _ (***3***)

LINE: _ _ _ _ (***1***)

Le Conditonnel Passé - The Conditional Perfect

This tense is used to express an action that would have occurred if something else had been possible. For example: I would have phoned, if I had known you were home. It is formed with the conditional form of the auxiliary verb and the past participle.

___	1.	ils auraient justifié	a.	I would have beeped
___	2.	j'aurais juré	b.	you would have played
___	3.	vous auriez joué	c.	I would have sworn
___	4.	tu aurais jardiné	d.	they would have thrown
___	5.	nous aurions jugé	e.	they would have justified
___	6.	j'aurais klaxonné	f.	we would have judged
___	7.	ils auraient jeté	g.	you would have enjoyed
___	8.	elle aurait jeûné	h.	she would have fasted
___	9.	vous auriez kidnappé	i.	you would have gardened
___	10.	tu aurais joui	j.	you would have kidnapped

I	É	I	F	I	T	S	U	J	T	N	E	I	A	R	U	A	S	L	I
L	N	N	J	A	U	R	A	I	S	K	L	A	X	O	N	E	R	I	L
S	N	V	I	V	E	L	L	E	A	U	R	A	I	T	J	E	Û	N	É
A	O	O	J	D	O	J	A	U	R	A	I	S	J	T	U	A	U	R	R
U	X	U	E	T	R	U	I	L	A	U	R	U	I	T	J	E	T	É	U
R	A	S	Û	K	U	A	S	K	I	D	N	A	P	P	É	J	E	Û	J
A	L	A	N	É	G	U	J	S	N	O	I	R	U	A	S	U	O	N	S
I	K	U	A	E	L	L	U	S	U	J	U	S	T	I	F	I	E	R	I
E	S	R	E	A	U	R	A	R	I	R	E	I	N	I	D	R	A	J	A
N	I	I	I	T	J	E	Û	N	A	A	I	K	L	A	X	O	N	N	R
T	A	E	É	V	V	O	U	S	A	U	R	I	E	Z	J	O	U	É	U
J	R	I	U	O	J	S	I	A	R	U	A	U	T	V	J	U	R	É	A
E	U	Z	E	L	L	E	A	U	R	A	I	T	A	E	Û	N	É	É	J
T	A	É	P	P	A	N	D	I	K	Z	E	I	R	U	A	S	U	O	V
É	J	N	I	D	R	A	J	S	I	A	R	U	A	U	T	U	A	U	R

Crossword

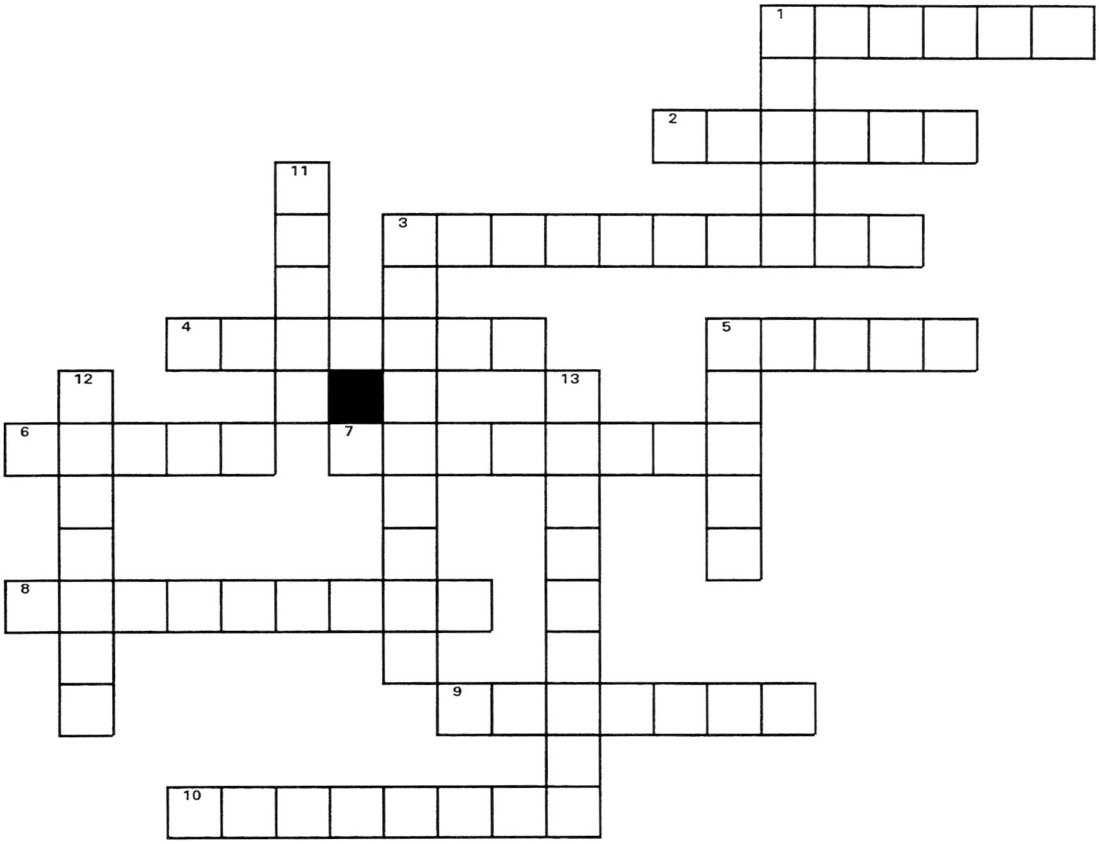

ACROSS		DOWN	
1.	to fast	1.	to play
2.	to turn yellow	3.	to kidnap
3.	to measure in kilos	5.	to swear
4.	to join	11.	to enjoy
5.	to throw	12.	to couple
6.	to judge	13.	to justify
7.	to envy		
8.	to beep		
9.	to gush		
10.	to garden		

✓	VERB	PRONUNCIATION	DEFINITION(S)
	labourer	lah-boo-ray	to plow
	lacer	lah-say	to lace
	lacérer	lah-say-ray	to lacerate
	lâcher	lah-shay	to loosen
	laisser	leh-say	to leave; to permit
	laminer	lah-mee-nay	to laminate
	lancer	lahn-say	to throw
	larmoyer	lahr-mwah-yay	to water (eyes)
	lasser	lah-say	to tire; to fatigue
	laver	lah-vay	to wash
	léguer	lay-gay	to bequeath; to hand over
	lessiver	leh-see-vay	to launder
	leurrer	luh-ray	to lure
	lever	luh-vay	to raise; to lift
	lézarder	lay-zahr-day	to sunbathe
	libérer	lee-bay-ray	to liberate
	lier	lee-ay	to tie; to fasten
	limer	lee-may	to file (nails)
	limiter	lee-mee-tay	to limit
	liquéfier	lee-kay-fyay	to liquefy
	liquider	lee-kee-day	to liquidate
	lire	leer	to read
	lisser	lee-say	to smooth; to polish
	livrer	lee-vray	to deliver
	loger	loh-zhay	to lodge; to stay at a hotel
	louer	looh-ay	to rent
	lubrifier	looh-bree-fyay	to lubricate
	lustrer	loohs-tray	to gloss; to glaze
	lutter	looh-tay	to fight
	luxer	loohk-say	to dislocate

R	R	E	H	C	Â	L	L												
E	R	E	R	É	C	A	L												
S	L	I	S	S	E	R	A												
S	L	A	Y	L	É	M	B												
I	L	O	C	O	F	O	O												
A	I	É	G	E	M	Y	U												
L	I	V	R	E	R	E	R												
É	R	B	R	L	R	R	E												
G	U	E	I	E	L	A	R												
U	L	E	U	R	R	E	R												
E	R	E	I	O	T	E	S												
R	E	E	L	T	L	S	T												
R	I	L	U	U	S	I	T												
E	F	L	A	V	S	R	R												
V	É	A	V	S	E	T	E	E	U	G	L	A	M	I	N	E	R	L	E
I	U	R	X	C	S	U	R	E	L	R	E	D	R	A	Z	É	L	E	L
S	Q	X	N	U	O	E	L	E	L	U	B	R	I	F	I	E	R	A	A
S	I	A	L	I	B	É	R	E	R	G	X	L	L	C	V	E	V	M	E
E	L	L	I	Q	U	I	D	E	R	R	É	E	Â	E	L	E	L	I	E
L	L	L	I	M	I	T	E	R	L	I	M	E	R	A	R	M	O	U	R

"Love is blind"

_ ’ _ _ _ _ _   _ _ _   _ _ _ _ _ _ _

LINE #: ***20*** ***12*** ***15***

Le Présent du Subjonctif - The Present Subjunctive

The French use the subjunctive tense to express commands (let's go!), after a verb that expresses doubt, insistence, or preference (I doubt that the test is easy), and after an expression of emotion (I'm happy that you are here.) Although the conjugations may differ, the tense does not. This is still a present tense.

___	1.	je laboure	a.	he launders
___	2.	tu laces	b.	they sunbathe
___	3.	il lacère	c.	I limit
___	4.	elle lâche	d.	we leave
___	5.	nous laissions	e.	they read
___	6.	vous laminiez	f.	you laminate
___	7.	elles lisent	g.	I plow
___	8.	je limite	h.	we fight
___	9.	tu laves	i.	you raise
___	10.	il lessive	j.	she loosens
___	11.	nous leurrions	k.	you wash
___	12.	vous leviez	l.	we lure
___	13.	elles lézardent	m.	you rent
___	14.	nous luttions	n.	he lacerates
___	15.	vous louiez	o.	you lace

S	Z	J	E	L	A	B	O	E	E	V	I	S	S	E	L	L	I	T	N
I	E	I	N	L	L	A	C	È	L	R	I	E	T	L	L	E	L	O	T
L	I	V	L	O	L	Â	C	H	A	L	N	N	O	U	R	L	U	A	U
V	U	I	A	E	U	A	Z	E	I	V	E	E	L	È	S	S	E	N	S
L	O	N	L	L	U	S	M	L	A	D	M	S	C	S	L	L	L	S	N
J	L	U	O	L	U	R	L	I	R	J	I	A	L	E	N	E	L	E	O
E	S	L	S	U	E	T	R	A	E	N	L	N	U	I	O	L	E	C	I
L	U	U	L	L	S	S	Z	L	I	L	I	R	I	L	S	L	L	A	T
A	O	T	A	A	A	É	I	J	I	S	R	E	A	E	I	E	Â	L	T
B	V	T	C	R	L	M	O	V	E	I	S	I	Z	L	T	L	N	U	U
O	O	O	È	S	I	T	I	N	O	E	S	I	L	A	T	Â	C	T	L
U	U	N	E	T	J	E	U	N	O	S	R	U	O	E	U	C	H	U	S
R	S	L	E	V	O	U	S	N	I	L	E	U	O	N	L	H	E	O	U
E	L	V	O	U	S	L	E	V	I	E	Z	I	R	V	S	E	S	N	O
E	I	L	S	L	É	Z	A	R	D	E	Z	R	È	C	A	L	L	I	N

Every word in its place...

4 letters	5 letters	6 letters	7 letters	8 letters	9 letters
lier	lacer	lâcher	lacérer	labourer	liquéfier
lire	laver	lancer	laisser	larmoyer	lubrifier
	lever	lasser	laminer	lessiver	
	limer	léguer	leurrer	lézarder	
	loger	lisser	libérer	liquider	
	louer	livrer	limiter		
	luxer	lutter	lustrer		

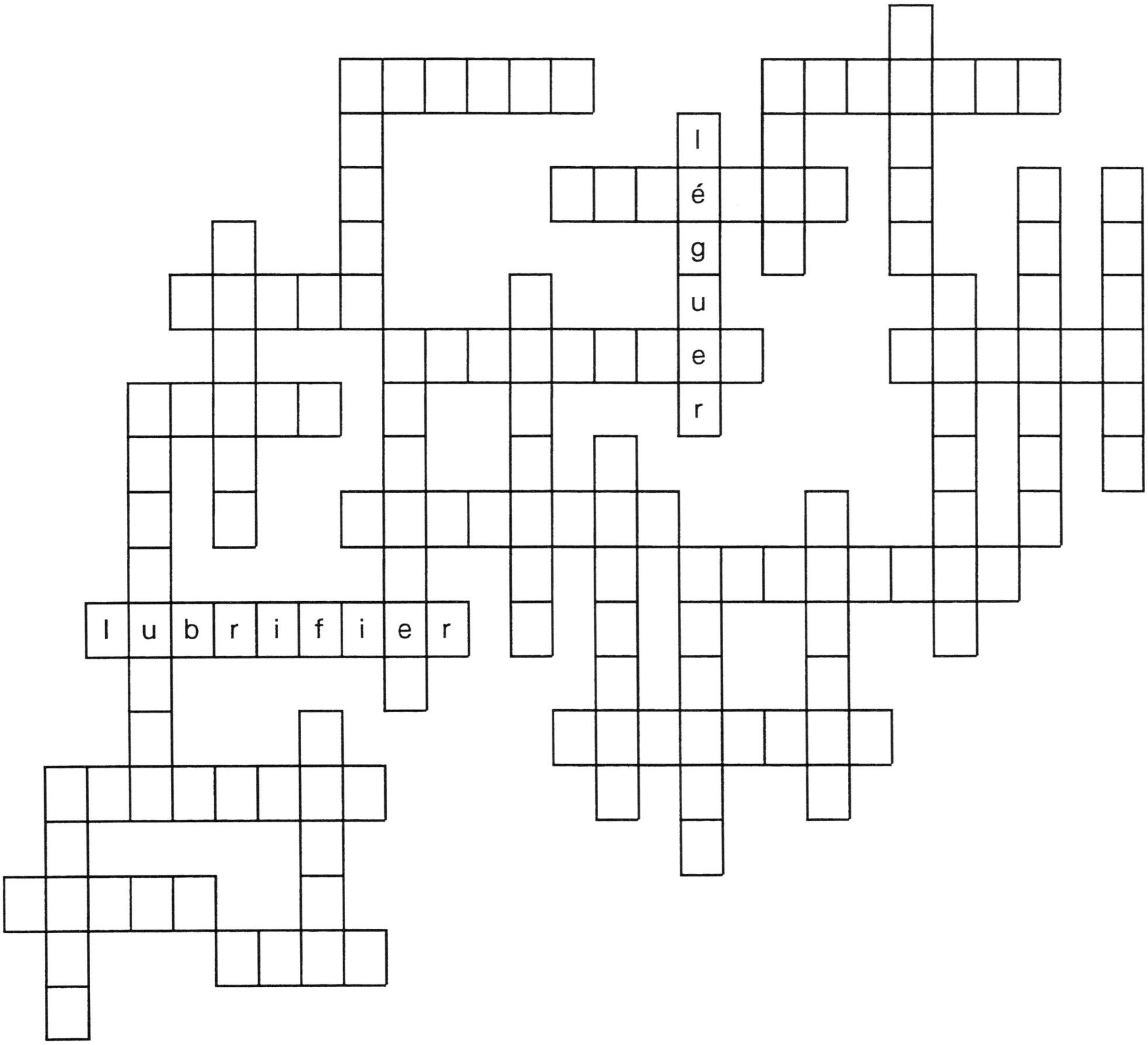

✓	VERB	PRONUNCIATION	DEFINITION(S)
	mâcher	mah-shay	to chew; to masticate
	machiner	mah-shee-nay	to scheme; to plot
	maçonner	mah-soh-nay	to build
	magnétiser	mah-nyay-tee-zay	to magnetize
	maigrir	meh-greer	to lose weight
	maintenir	mahn-tuh-neer	to maintain
	manger	mahn-zhay	to eat
	manquer	mahn-kay	to be missing
	maquiller	mah-kee-yay	to apply make-up
	marchander	mahr-shahn-day	to bargain; to haggle
	marcher	mahr-shay	to march; to walk
	marier	mah-ree-ay	to marry
	marquer	mahr-kay	to mark; to brand
	marteler	mahr-tuh-lay	to hammer
	masquer	mahs-kay	to mask; to disguise
	matriculer	mah-tree-koo-lay	to register
	méconnaître	may-koh-neh-truh	to ignore; to disregard
	méditer	may-dee-tay	to meditate
	mélanger	may-lahn-zhay	to blend; to mix
	mémoriser	may-moh-ree-zay	to memorize
	mener	muh-nay	to lead (road; route)
	mentionner	mahn-syoh-nay	to mention
	mentir	mahn-teer	to lie; to fib
	mériter	may-ree-tay	to merit; to deserve
	mesurer	muh-zoo-ray	to measure
	mettre	meh-truh	to put; to place
	meubler	muh-blay	to furnish (a home)
	mijoter	mee-zhoh-tay	to simmer; to stew slowly
	mimer	mee-may	to mime
	minimiser	mee-nee-mee-zay	to minimize

M	R	M	I	M											M	Â	C	M	M
E	A	I	R	E	A									Â	T	R	A	É	A
N	M	G	R	E	M	N							C	M	E	R	A	C	C
T	M	O	N	G	U	T	G					H	U	T	C	S	E	O	H
I	M	A	R	É	I	Q	E	E			E	M	I	H	H	R	Q	N	I
O	B	O	R	E	T	A	R	U	R	R	C	R	A	H	T	R	E	N	N
N	M	M	M	E	L	I	M	A	E	É	É	N	Â	T	E	Q	M	A	E
N	R	É	M	A	G	B	S	L	M	M	D	M	E	U	E	U	É	Î	R
E	E	C	M	Â	R	N	U	E	M	E	I	M	Q	N	I	L	L	T	M
R	L	O	É	Â	M	C	A	E	R	E	N	N	O	Ç	A	M	E	R	A
M	E	N	D	M	I	E	H	L	M	M	A	C	I	A	R	C	H	E	R
A	T	N	I	R	J		N	E	É	M	É	R		M	M	M	N	M	R
I	R	A	T	E	O			E	R	M	A			A	I	E	G	É	E
N	A	A	E	U	T				R	M				Q	M	S	E	C	S
T	M	Î	R	Q	E									U	O	U	E	O	I
E	M	T	Â	S	R									I	R	R	R	R	R
N	I	R	S	A	E									L	É	E	Â	M	O
I	C	O	U	M	S									L	U	R	M	E	M
R	M	I	N	I	M									E	M	I	M	I	É
M	E	N	T	I	R									R	E	I	R	A	M

"Mum's the Word!"

_ _ _ _ _ _   _ _   _ _ _ _ _ _ _ _   _ _ _ _ _ _ _ _

LINE: ***4*** ***2*** ***6*** ***18***

Le Passé du Subjonctif - The Past Subjunctive

The past subjunctive is the equivalent of the passé composé (p. 19). This tense is used with verbs of doubt, insistence, preference, or emotion. It is formed with the present subjunctive of the auxiliary verb, avoir, and the past participle.

___	1.	j'aie mâché	a.	you walked
___	2.	tu aies machiné	b.	she lost weight
___	3.	il ait maçonné	c.	I lied
___	4.	elle ait maigri	d.	you mixed
___	5.	nous ayons mangé	e.	I chewed
___	6.	vous ayez marché	f.	they measured
___	7.	ils aient marqué	g.	he furnished
___	8.	elles aient mis	h.	they placed
___	9.	j'aie menti	i.	we ate
___	10.	tu aies mélangé	j.	we hammered
___	11.	il ait meublé	k.	they marked
___	12.	elle ait mijoté	l.	you plotted
___	13.	nous ayons martelé	m.	she simmered
___	14.	vous ayez médité	n.	he built
___	15.	ils aient mesuré	o.	you meditated

M	A	Ç	O	N	V	I	L	A	I	T	M	A	Ç	O	N	N	É	V	T
É	E	J	A	I	E	O	M	O	C	H	É	M	A	O	H	I	I	O	U
R	L	M	M	E	U	E	U	B	L	É	Ç	I	U	N	E	L	L	U	A
U	L	M	É	É	G	Â	L	S	É	N	O	S	I	T	É	S	A	S	I
S	E	Â	Ç	L	N	H	C	L	A	N	A	R	G	I	H	A	I	A	E
E	S	É	T	I	D	É	M	Z	E	Y	A	S	U	O	V	I	T	Y	S
M	A	É	T	I	D	A	É	M	O	A	E	Q	U	É	C	E	M	E	M
T	I	J	A	I	E	M	E	N	T	I	I	Z	M	A	R	N	E	Z	A
N	E	M	A	Ç	I	L	S	A	I	E	N	T	M	A	R	Q	U	É	C
E	N	E	L	L	E	M	Â	C	H	I	N	O	M	A	C	M	B	L	H
I	T	I	L	J	A	I	E	M	Â	C	H	É	É	I	R	Â	L	A	I
A	M	É	G	N	A	L	É	M	S	E	I	A	U	T	J	C	É	N	N
S	I	R	G	I	A	M	T	I	A	E	L	L	E	Ç	É	O	H	G	É
L	S	É	I	L	S	A	I	E	N	T	M	É	D	I	I	T	T	É	I
I	É	L	E	T	R	A	M	S	N	O	Y	A	S	O	U	N	S	É	L

En français, s'il vous plaît

5 letters	6 letters	7 letters	8 letters	9 letters	10 letters
to lead	to chew	to lose weight	to plot	to maintain	to magnetize
to mime	to eat	to be missing	to build	to put on make-up	to bargain
	to marry	to walk	to hammer	to memorize	to register
	to lie	to mark	to mix	to minimize	to mention
	to put	to mask			
		to meditate			
		to merit			
		to measure			
		to furnish			
		to simmer			

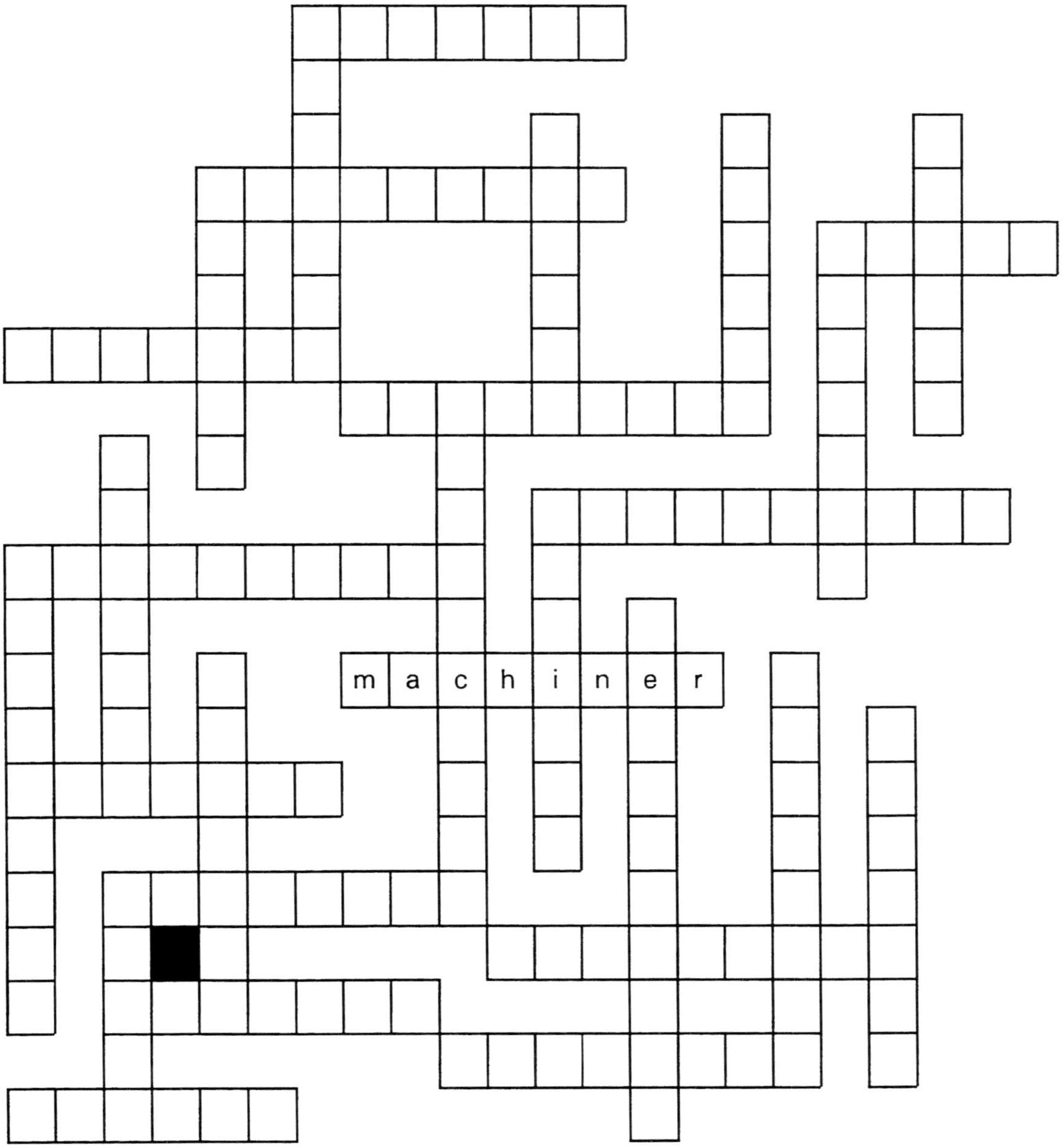

✓	VERB	PRONUNCIATION	DEFINITION(S)
	nager	nah-zhay	to swim
	naître	neh-truh	to be born
	nantir	nahn-teer	to provide
	napper	nah-pay	to coat (cooking)
	narrer	nah-ray	to narrate
	nasaliser	nah-zah-lee-zay	to nasalize
	nationaliser	nah-syoh-nah-lee-zay	to nationalize
	natter	nah-tay	to braid; to weave
	naturaliser	nah-too-rah-lee-zay	to naturalize
	naufrager	noh-frah-zhay	to wreck (boat; ship)
	naviguer	nah-vee-gay	to sail; to navigate
	navrer	nah-vray	to hurt; to grieve
	nécessiter	nay-seh-see-tay	to need; to require
	négliger	nay-glee-zhay	to neglect
	négocier	nay-goh-syay	to negotiate
	neiger	neh-zhay	to snow
	nettoyer	neh-twah-yay	to clean
	nicher	nee-shay	to nest; to perch
	nier	nyay	to deny
	niveler	nee-vlay	to survey
	noircir	nwahr-seer	to darken; to blacken
	nommer	noh-may	to name
	noter	noh-tay	to note; to remark
	notifier	noh-tee-fyay	to notify
	nouer	noo-ay	to knot; to braid hair
	nourrir	noo-reer	to nourish; to feed
	nuancer	nwahn-say	to shade; to blend
	nuire	nweer	to be harmful; to be injurious
	nullifier	noo-lee-fyay	to nullify
	numéroter	noo-may-roh-tay	to number

N	N	A	Î	T										N	É	C	E	S	N
R	A	R	N	I										R	A	E	N	A	E
R	V	I	I	S	Q									E	U	G	T	E	T
N	I	N	C	R	E	N								G	N	T	E	N	T
É	G	U	H	R	R	R	U							A	E	A	A	R	O
G	U	M	E	N	E	U	T	M						R	B	R	E	I	Y
L	E	É	R	A	Î	S	O	Î	É					F	E	C	E	G	E
N	R	R	E	L	E	V	I	N	A	R				U	N	R	E	I	R
I	N	O	A	R	E	S	I	L	A	N	O	I	T	A	N	U	R	E	N
R	E	M	M	O	N	N	U	N	A	L	L	T	U	N	I	F	I	A	R
E	N	E	G	O	C	I	É	E	G	R	N	N	E	N	M	E	I	N	N
T	R	E	I	C	O	G	É	N	I	E	U	E	N	R	O	U	R	R	N
I	N	E	N	A	L				A	N	O	T	I	F	I	E	R	N	U
S	R	E	T	I	V					S	O	R	A	G	Î	É	I	A	L
S	R	E	G	O	N						A	T	E	N	E	C	C	N	L
E	E	E	U	A	N							L	I	R	F	R	R	T	I
C	R	R	N	O	N								I	A	V	N	I	I	F
É	R	T	I	I	N									S	E	A	O	N	I
N	I	O	T	U	E										E	R	N	N	E
R	E	P	P	A	N										Q	R	U	I	R

"Nothing ventured, nothing gained"

	_ _ _	_ _	_ _ _ _ _ _ _ _	_ _ _ _
LINE:	***20***	***8***	***3***	***2***

_ ' _	_ _ _ _
COLUMN 15 DOWN	***LINE 18***

Place-A-Verb

4 letters

nier

5 letters

nager
noter
nouer
nuire

6 letters

naître
nantir
napper
narrer
natter
navrer
neiger
nicher
nommer

7 letters

niveler
noircir
nourrir
nuancer

8 letters

naviguer
négliger
négocier
nettoyer
notifier

9 letters

nasaliser
naufrager
nullifier
numéroter

10 letters

nécessiter

11 letters

naturaliser

12 letters

nationaliser

Crossword

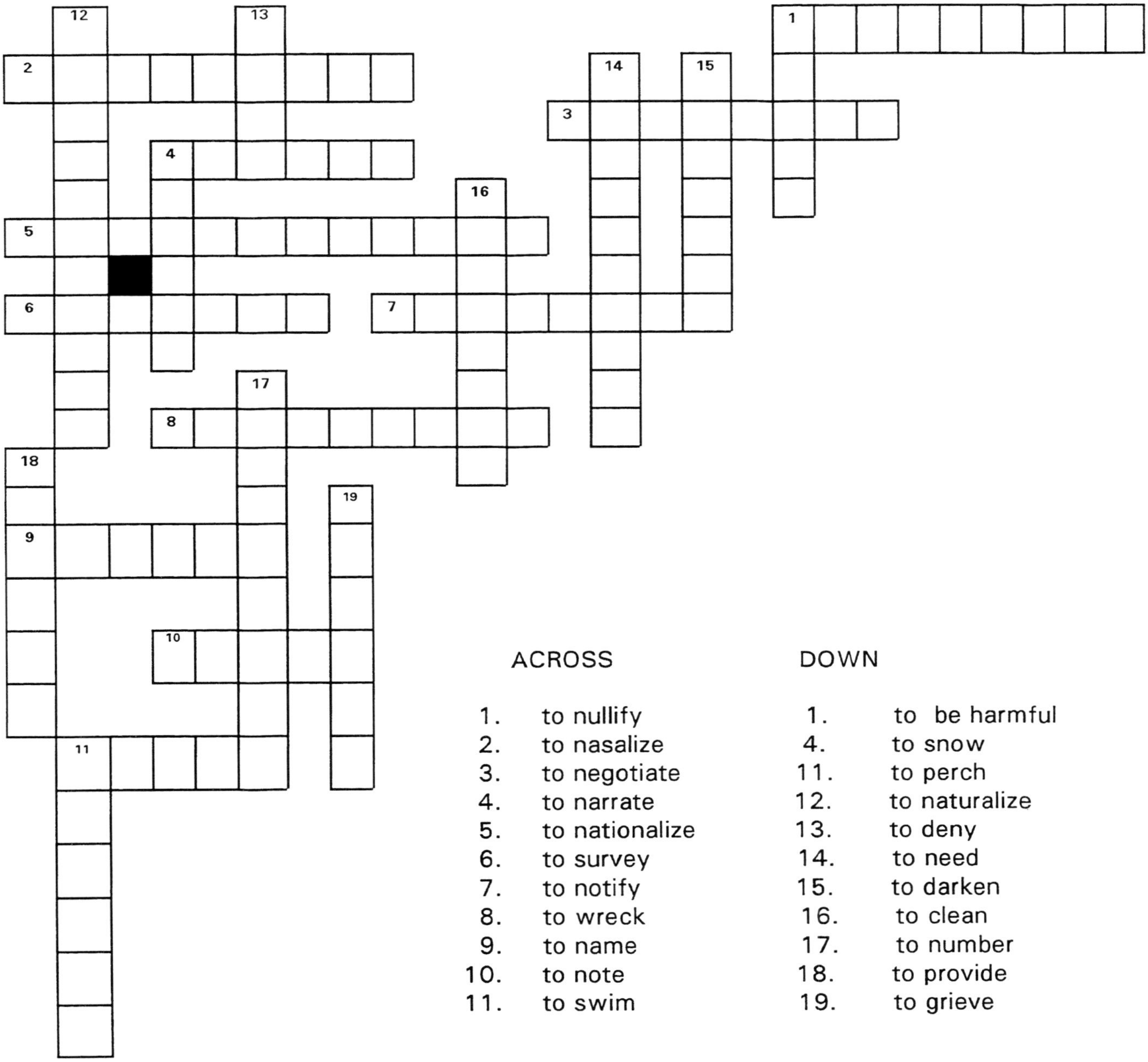

ACROSS		DOWN	
1.	to nullify	1.	to be harmful
2.	to nasalize	4.	to snow
3.	to negotiate	11.	to perch
4.	to narrate	12.	to naturalize
5.	to nationalize	13.	to deny
6.	to survey	14.	to need
7.	to notify	15.	to darken
8.	to wreck	16.	to clean
9.	to name	17.	to number
10.	to note	18.	to provide
11.	to swim	19.	to grieve

✓	VERB	PRONUNCIATION	DEFINITION(S)
	obéir	oh-bay-eer	to obey
	objecter	ohb-jehk-tay	to object
	objectiver	ohb-jehk-tee-vay	to objectify
	obliger	oh-blee-zhay	to oblige
	oblitérer	oh-blee-tay-ray	to obliterate
	obscurcir	ohb-skoor-seer	to darken; to overcast (sky)
	obséder	ohb-say-say	to obsess; to haunt
	observer	ohb-sehr-vay	to observe
	obtenir	ohb-tuh-neer	to obtain
	occuper	oh-koo-pay	to occupy
	offenser	oh-fahn-say	to offend
	offrire	oh-freer	to offer
	offusquer	oh-foos-kay	to obscure
	ondoyer	ohn-dwah-yay	to undulate; to wave
	onduler	ohn-doo-lay	to wave (hair)
	opérer	oh-pay-ray	to operate
	opiner	oh-pee-nay	to opine
	opposer	oh-poh-zay	to oppose
	opter	ohp-tay	to opt
	optimiser	ohp-tee-mee-zay	to optimize
	ordonner	ohr-doh-nay	to arrange; to organize
	organiser	ohr-gah-nee-zay	to organize
	orienter	oh-ree-ahn-tay	to orient; to orientate
	orner	ohr-nay	to adorn; to decorate
	osciller	oh-see-lay	to sway; to oscillate
	oser	oh-zay	to dare
	oublier	oo-blee-ay	to forget
	outiller	oo-tee-lay	to equip
	outrager	oo-trah-zhay	to outrage; to insult
	ouvrir	oo-vreer	to open

				O	B	É	I	S	E	G	R	A	R	U	O				
			O	F	F	E	N	S	E	R	O	I	R	E	É	R			
		R	E	I	L	B	U	O	E	A	U	E	N	T	G	R	E		
	O	U	B	L	R	I	R	V	U	O	N	O	P	E	T	I	S	R	
R	P	R	E	T	N	E	I	R	O	I	F	O	F	C	T	S	L	O	R
R	E	O	U	T	I	T	T	R	P	U	O	F	O	I	N	B	T	B	E
V	O	L	O	U	C	D	E	O	R	I	C	R	U	C	S	B	O	J	O
U	O	B	U	E	O	L	O					O	B	S	E	I	O	E	O
O	G	P	J	D	L	E							L	L	Q	B	R	C	O
U	R	B	É	I	N	R							É	L	É	U	C	T	R
T	O	G	V	R	R	O							E	I	I	U	E	E	E
R	R	S	A	O	E	O							R	E	P	P	D	R	S
A	O	D	O	N	P	R	O					O	O	E	O	É	O	R	O
G	N	T	R	D	I	M	I	T	P	O	O	B	R	P	S	R	B	B	P
E	O	B	L	E	A	S	E	R	O	S	S	P	D	B	T	E	S	O	P
R	E	Y	O	D	N	O	E	S	F	E	R	R	O	V	I	E	C	E	O
	O	S	C	I	L	L	E	R	V	F	A	E	N	U	R	T	R	R	
		O	B	L	I	T	É	R	E	R	O	Q	N	V	E	É	E		
			E	R	E	S	I	M	I	T	P	O	E	R	N	S			
				U	O	U	T	I	L	L	E	R	R	N	O				

" One good turn deserves another "

	__ __	__ __ __ __ __ __ __	__ __
LINE:	***20***	***16***	***19***
	__ __ __ __	__ __	__ __ __ __ __
LINE:	***17***	***20***	***3***

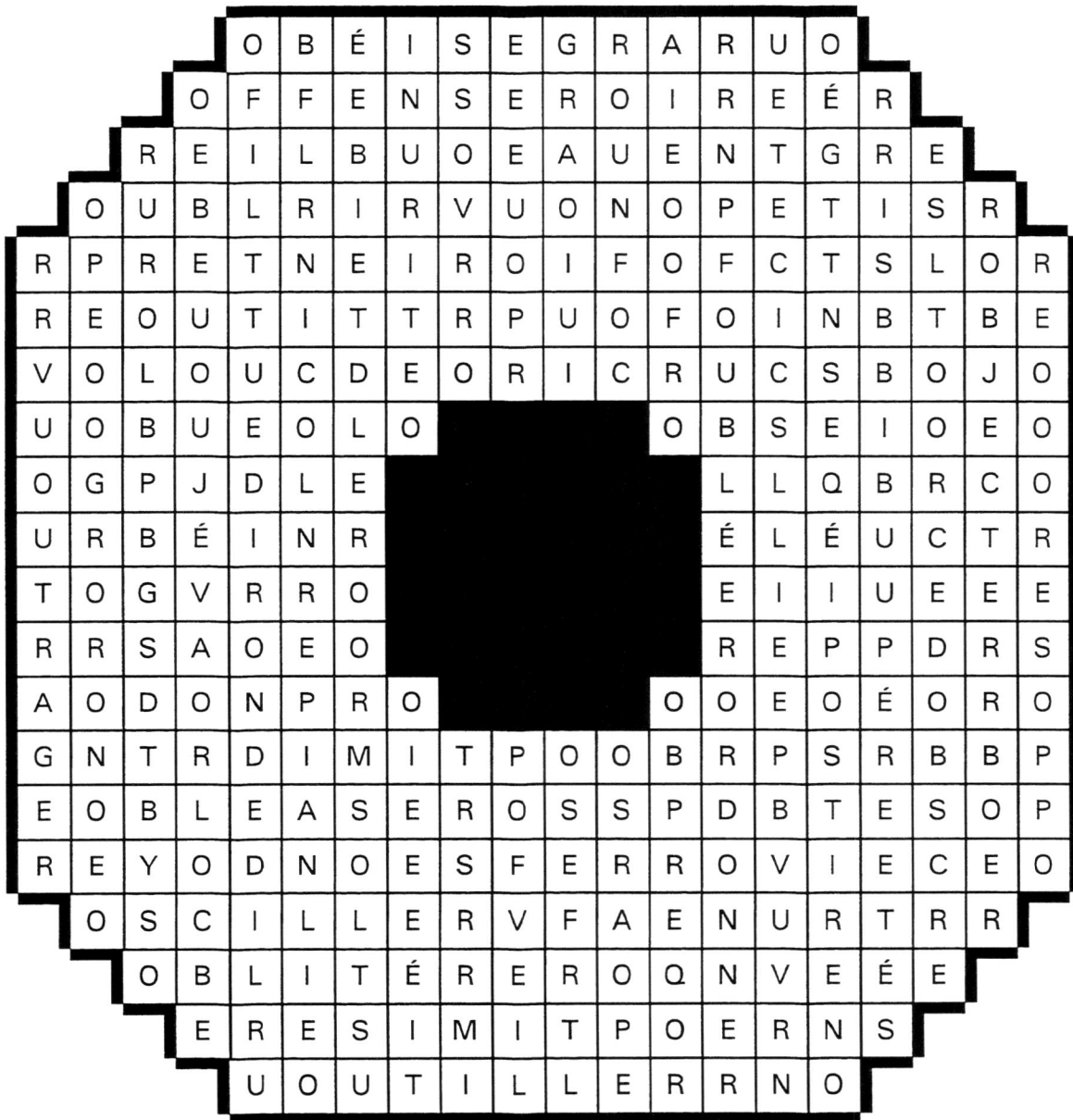

Crossword

Across

1 - to go against
2 - to oblige
3 - to operate
4 - to get
5 - to darken
6 - to orient
7 - to destroy
8 - to haunt
9 - to choose
10 - to sway
11 - to insult
12 - to dare
13 - to optimize
14 - to arrange
15 - to forget
16 - to undulate
17 - to occupy

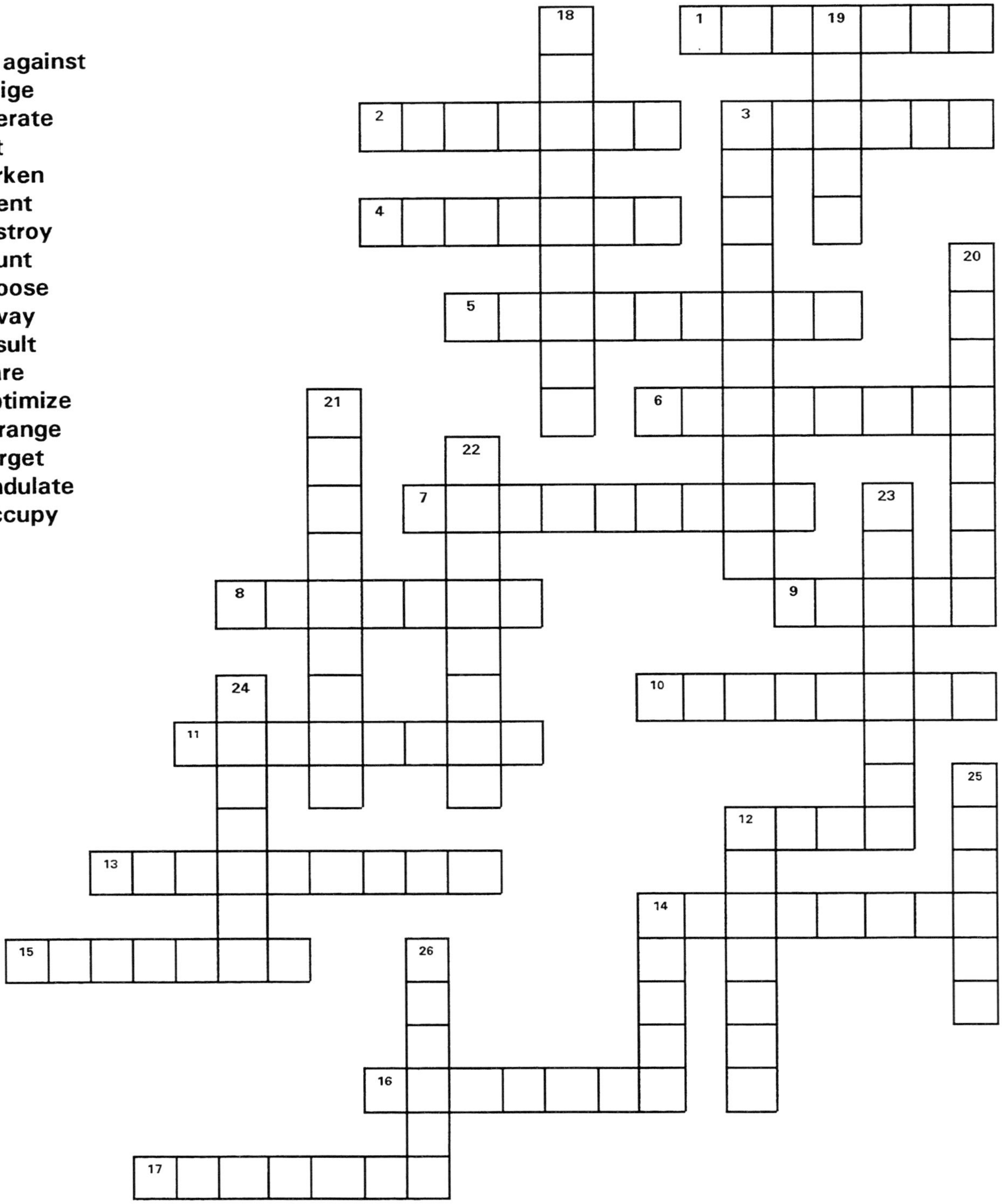

Down

3 - to objectify
12 - to wave (hair)
14 - to decorate
18 - to organize
19 - to heed
20 - to insult
21 - to obscure
22 - to object
23 - to equip
24 - to offer
25 - to open
26 - to opine

English Reflection

Translate and find the English translations in the reverse puzzle.

obéir	obliger	obséder	occuper	offusquer
objecter	oblitérer	observer	offenser	ondoyer
objectiver	obscurcir	obtenir	offrire	onduler

O	B	É	I	E	V	I	T	C	E	J	B	O	B	É	I	I	R	O	O
R	O	B	S	C	U	R	C	I	R	O	R	O	R	N	B	I	O	B	F
E	F	O	N	D	U	L	E	O	B	B	T	E	N	I	É	R	R	L	F
U	F	E	O	N	D	U	L	E	R	S	R	O	T	B	O	E	I	O	R
Q	E	O	O	B	L	I	G	E	R	É	B	J	O	C	V	U	N	T	I
S	N	O	B	N	O	B	É	I	T	D	E	C	I	R	E	D	E	É	R
U	S	O	B	J	E	C	T	I	V	E	R	T	E	J	O	J	T	R	E
F	E	O	C	C	U	F	L	U	V	R	E	S	R	Y	R	S	B	E	B
F	R	P	E	R	O	B	F	C	C	O	B	R	E	E	V	E	O	O	O
O	E	É	L	I	O	B	É	O	I	O	R	R	R	E	P	U	C	C	O
T	O	S	Y	O	E	Y	R	T	C	E	J	B	O	O	T	E	R	A	T
E	N	J	E	E	I	R	F	F	F	A	R	E	E	T	F	E	E	R	T
T	I	E	O	F	B	A	M	I	T	D	N	U	O	F	O	B	F	E	O
A	K	S	K	C	F	O	O	O	T	N	I	A	C	T	F	O	F	T	O
L	R	B	I	R	C	O	O	B	O	C	O	T	Y	S	F	O	O	I	B
U	A	O	T	A	A	F	E	T	A	R	E	T	I	L	B	O	O	T	L
D	D	O	B	O	F	D	P	I	T	C	E	J	J	B	O	O	T	B	I
N	O	T	O	E	M	B	O	Y	N	I	A	T	B	O	O	T	O	O	G
U	T	O	N	Y	E	A	O	T	S	S	E	S	B	O	O	T	T	T	E
O	E	D	J	B	O	O	V	T	E	V	R	E	S	B	O	O	T	O	T
T	O	O	C	C	U	P	Y	E	T	O	O	B	J	Y	E	T	O	O	T

__________ __________ __________ __________ __________

__________ __________ __________ __________ __________

__________ __________ __________ __________ to obey

✓	VERB	PRONUNCIATION	DEFINITION(S)
	pacifier	pah-see-fyay	to pacify
	paginer	pah-zhee-nay	to paginate
	pâlir	pah-leer	to grow pale
	palpiter	pahl-pee-tay	to palpitate; to throb
	papilloner	pah-pee-yoh-nay	to flutter; to flit about
	paqueter	pah-kuh-tay	to package
	paraître	pah-reh-truh	to appear
	paralyser	pah-rah-lee-zay	to paralyze
	pardonner	pahr-doh-nay	to pardon
	paresser	pah-reh-say	to idle; to laze
	parfumer	pahr-foo-may	to perfume
	parier	pah-ree-ay	to bet; to wager
	parler	pahr-lay	to speak
	partager	pahr-tah-zhay	to share
	participer	pahr-tee-see-pay	to participate
	partir	pahr-teer	to leave; to depart
	parvenir	pahr-vuh-neer	to reach; to attain
	passer	pah-say	to pass; to spend (vacation)
	patiner	pah-tee-nay	to skate
	pâtisser	pah-tee-say	to knead
	patronner	pah-troh-nay	to sponsor
	paver	pah-vay	to pave
	payer	pay-yay	to pay
	pédaler	pay-dah-lay	to pedal
	peigner	peh-nyay	to comb
	peindre	pahn-druh	to paint
	pencher	pahn-shay	to lean; to bend
	pénétrer	pay-nay-tray	to penetrate
	penser	pahn-say	to think
	percer	pehr-say	to pierce; to drill

R	R	P	A	R	I	E	R	E	N	N	O	D	R	A	P	R			
E	E	P	A	R	A	Î	T	R	E	C	E	S	T	A	A	R			
N	R	T	Â	I	É	P	Â	T	I	S	S	E	R	P	C	E	P		
O	T	P	I	F	O	R			G	E	A	A	N	A	I	S	E	T	
L	É	A	F	P	O	R				G	L	E	R	G	F	S	R	O	N
L	N	R	D	A	L	E				Y	V	I	E	I	I	E	C	N	T
I	É	T	Q	R	U	A			S	P	E	I	G	N	E	R	E	O	N
P	P	I	É	V	P	Â	P	E	N	C	H	E	R	E	R	A	R		
A	Â	R	R	E	A	É	R	E	P	I	C	I	T	R	A	P			
P	É	I	E	N	V	N	R												
E	R	D	N	I	E	P	E												
É	E	Â	I	R	R	R	S												
P	Y	R	T	E	P	E	S												
A	A	E	A	L	A	N	A												
Q	P	M	P	A	R	N	P												
U	A	U	Â	D	T	O	E												
E	R	F	L	É	A	R	N												
T	L	R	I	P	G	T	S												
E	E	A	R	Â	E	A	E												
R	R	P	E	N	R	P	R												

"Practice makes perfect"

_ _ _ _   _ _   _ _ _ _ _ _ _ _   _ _ ' _ _

LINE: ***2*** ***20*** ***4*** ***7***

_ _ _ _ _ _ _   _ _ _ _ _ _ _ _

LINE: ***6*** ***5***

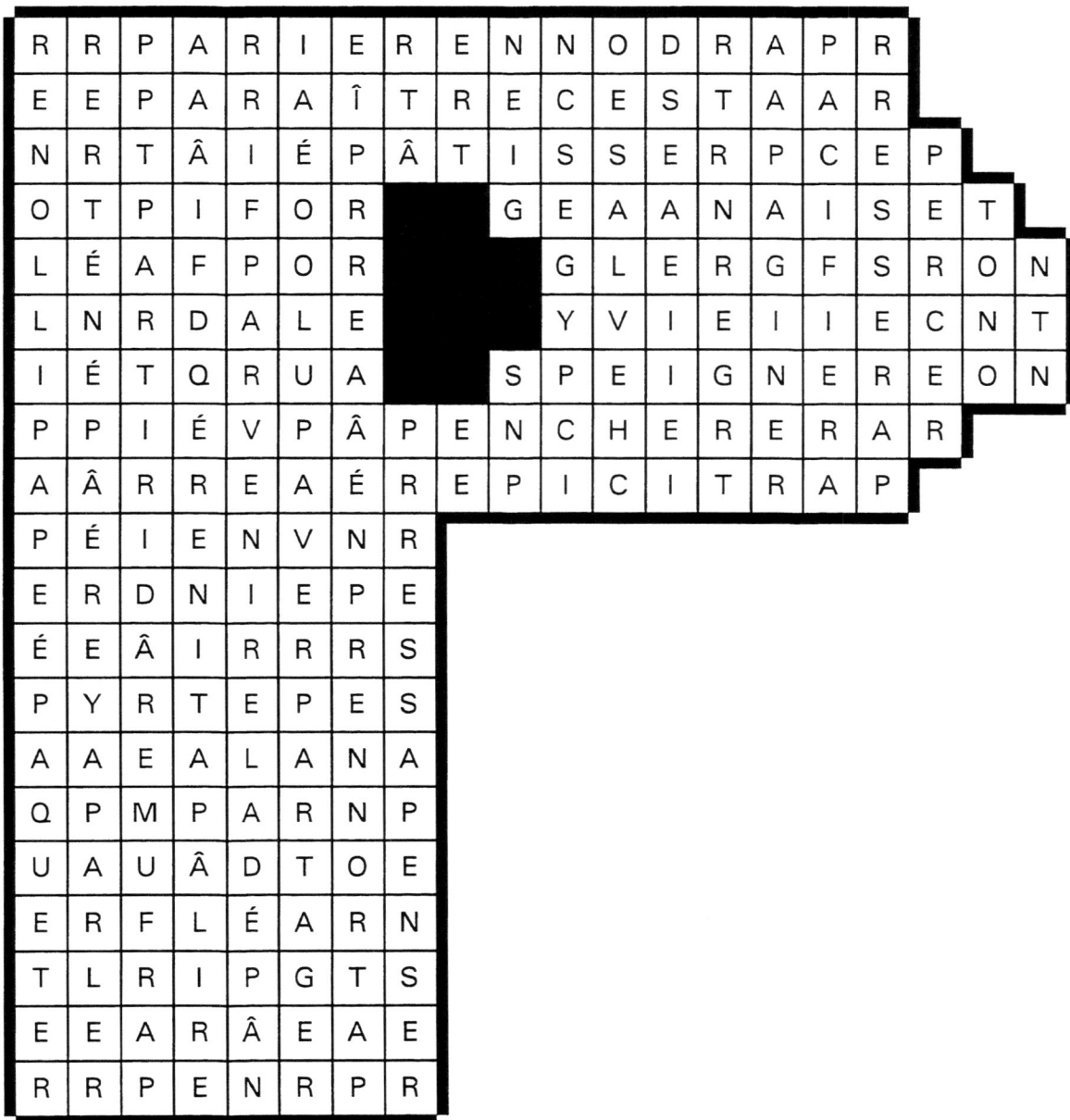

Place-A-Word

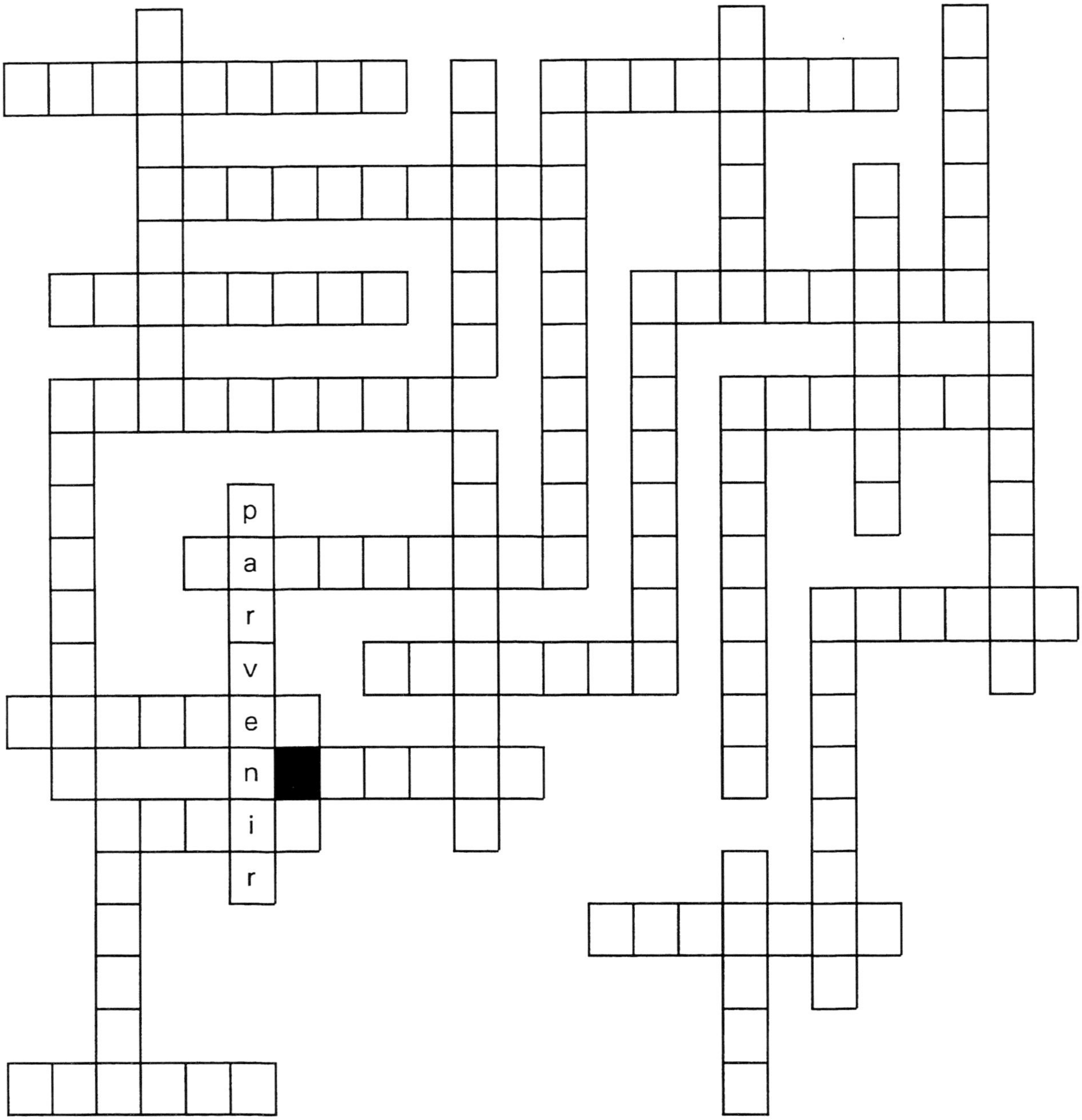

5 LETTERS	6 LETTERS	7 LETTERS	8 LETTERS	9 LETTERS	10 LETTERS
pâlir	parier	paginer	pacifier	paralyser	papilloner
paver	parler	patiner	palpiter	pardonner	participer
payer	partir	pédaler	paqueter	patronner	
	passer	peigner	paraître		
	penser	peindre	paresser		
	percer	pencher	parfumer		
			partager		
			parvenir		
			pâtisser		
			pénétrer		

Crossword

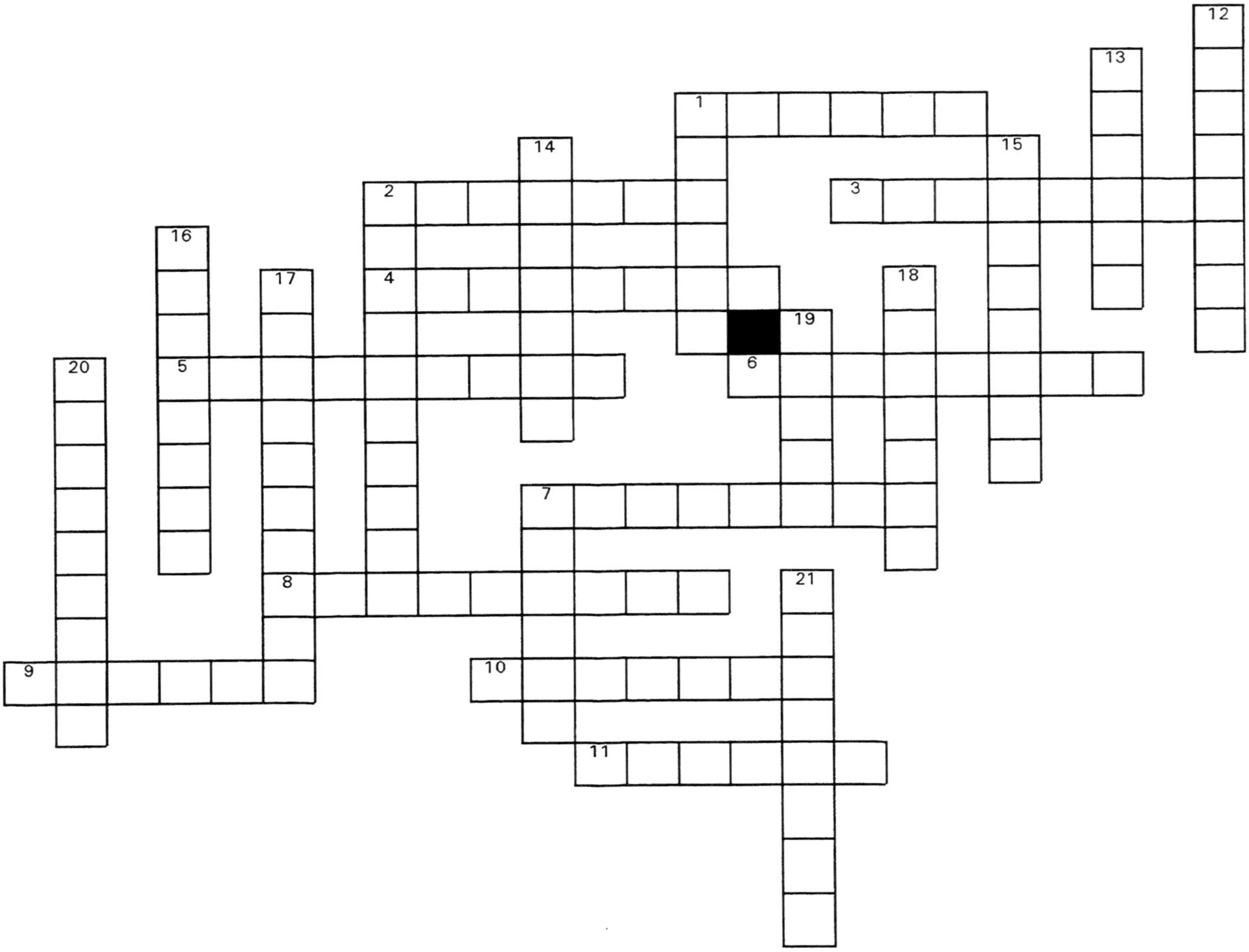

ACROSS		DOWN	
1. to speak	6. to knead	1. to bet	15. to idle
2. to pedal	7. to penetrate	2. to flutter	16. to throb
3. to appear	8. to pardon	7. to think	17. to participate
4. to pacify	9. to pierce	12. to package	18. to paint
5. to paralyze	10. to lean	13. to leave	19. to grow pale
	11. to pass	14. to skate	20. to sponsor
			21. to reach

✓	VERB	PRONUNCIATION	DEFINITION(S)
	quadrupler	kah-droo-play	to quadruple
	qualifier	kah-lee-fyay	to qualify
	quantifier	kahn-tee-fyay	to quantify
	quémander	kay-mahn-day	to beg
	quereller	keh-reh-lay	to quarrel
	questionner	kehs-tyoh-nay	to question
	quêter	keh-tay	to collect
	quintupler	keen-too-play	to quintuple
	quitter	kee-tay	to leave

			Q	U	I	T	E	R	Q	Q	U	E	T	R	E	Q			
		Q	U	U	R	E	L	P	U	R	D	A	U	Q	U	N	E		
	Q	U	A	Q	É	Q	U	E	Ê	Q	U	A	N	T	I	I	U	Q	
R	Q	U	L	Ê	U	M	R	E	Q	U	É	M	A	N	D	E	R	U	Q
E	U	A	I	U	É	E	N	D	F	I	E	R	Q	U	E	N	Ê	E	U
I	A	L	F	Q	L	A	M	R				E	I	F	I	T	A	S	Q
F	Q	U	I	L	I	N	E						N	T	E	R	N	T	D
I	N	E	E	N	T	E	N						D	Q	U	E	U	I	N
T	E	R	R	R	I	O	N						R	Q	N	T	L	O	P
N	F	Q	U	I	E	T	Y	R				A	D	N	R	T	U	N	U
A	I	Q	U	É	R	L	E	Q	E	É	Q	U	O	Q	U	I	E	N	T
U	L	Q	U	Ê	T	R	P	E	U	D	N	I	A	M	É	U	U	E	N
Q	A	I	F	I	T	N	A	U	Q	E	T	Q	U	É	M	Q	R	R	I
Q	U	A	N	T	I	F	E	R	T	S	R	T	Q	U	Ê	T	E	S	U
	Q	Q	U	Ê	T	E	R	Q	E	N	Q	E	I	Q	U	Ê	M	O	Q
		Q	U	A	D	R	U	U	L	E	I	R	L	U	T	Ê	U	N	
			Q	U	E	S	Q	I	O	N	N	U	R	L	Q				
											Q	U	Q	I	E	Q			
												A	M	É	U	Q	Q		
													C	L	O	C	H	E	

"There are two sides to every question."

___ _'________ __'___ _______

LINE: ***7*** ***2*** ***20***

_'_______ __'__ ___

LINE: ***8*** ***COLUMN 19 DOWN***

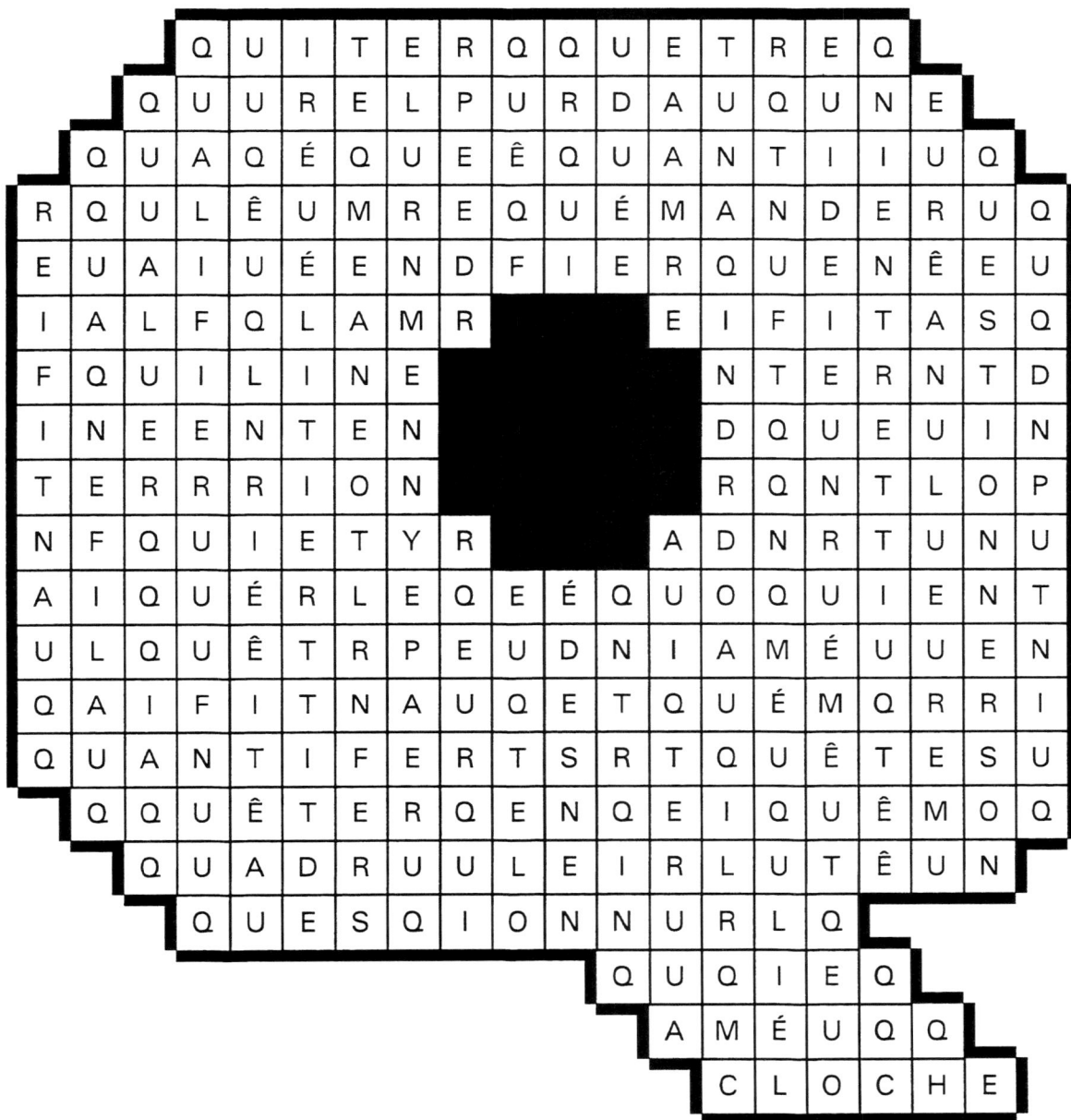

Crossword

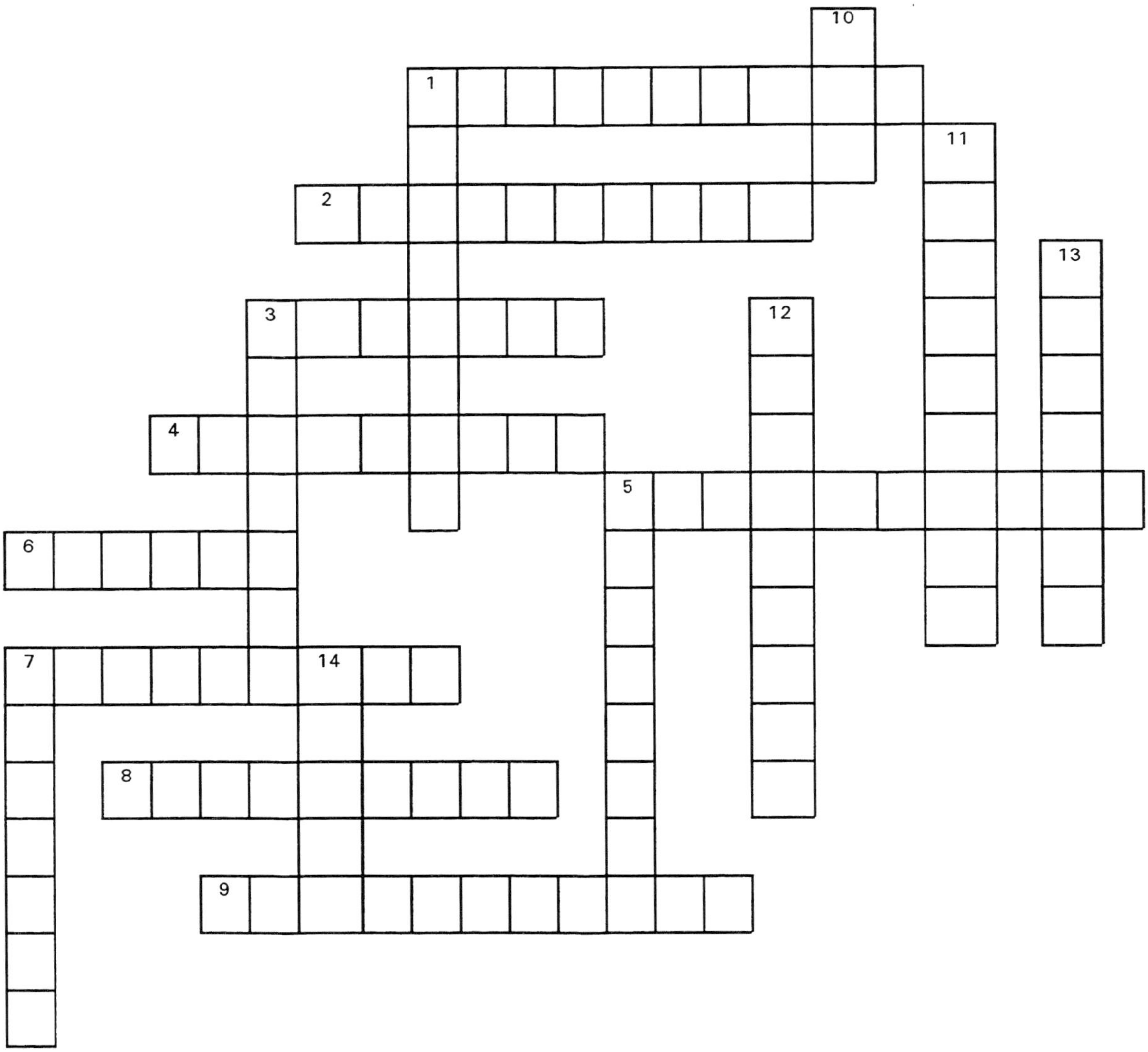

Across - English to French

1. to quadruple
2. to quantify
3. to leave
4. to qualify
5. to quintuple
6. to collect
7. to quarrel
8. to beg
9. to question

Down - French to English

1. quantifier
3. quereller
5. questionner
7. qualifier
10. quémander
11. quadrupler
12. quintupler
13. quêter
14. quitter

Word Builder
(French to English)

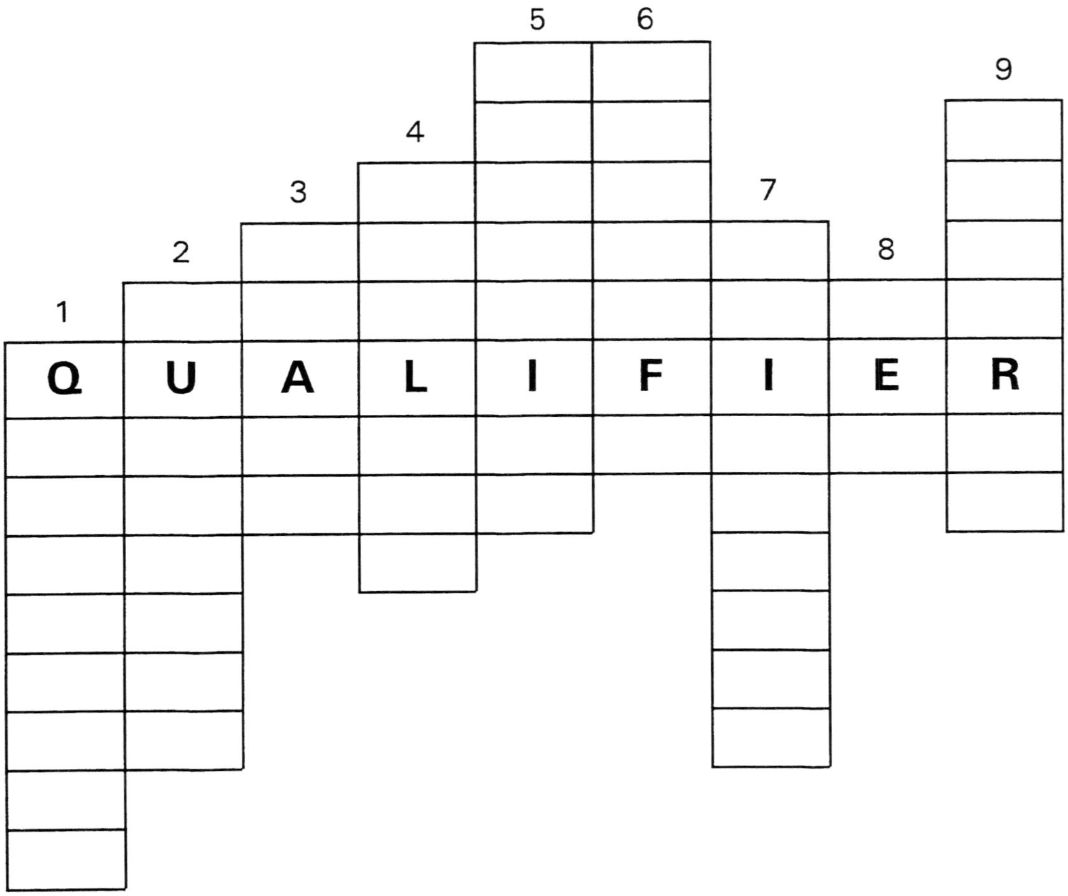

1. quadrupler
2. quantifier
3. quitter
4. quêter
5. questionner
6. qualifier
7. quintupler
8. quémander
9. quereller

✓	VERB	PRONUNCIATION	DEFINITION(S)
	raccommoder	rah-koh-moh-day	to mend; to repair
	raccorder	rah-kohr-day	to connect; to link
	raccourcir	rah-koor-seer	to shorten
	raccrocher	rah-kroh-shay	to rehang
	racheter	rahsh-tay	to repurchase
	racler	rah-klay	to scrape
	raconter	rah-kohn-tay	to tell (a story); to narrate
	racornir	rah-kohr-neer	to harden
	raffermir	rah-fehr-meer	to reharden; to make firmer
	raffiner	rah-fee-nay	to refine
	rafraîchir	rah-freh-sheer	to refresh; to cool
	raidir	reh-deer	to tighten
	raisonner	reh-zoh-nay	to reason
	ralentir	rah-lahn-teer	to lessen
	rallonger	rah-lohn-zhay	to lengthen
	ramasser	rah-mah-say	to collect; to gather
	rançonner	rahn-soh-nay	to ransom
	ranger	rahn-zhay	to arrange; to tidy up
	raser	rah-zay	to shave
	ratifier	rah-tee-fyay	to ratify
	rayer	rah-yay	to stripe; to streak
	rayonner	rah-yoh-nay	to sparkle
	réaliser	ray-ah-lee-zay	to achieve; to carry out
	rebuter	ruh-boo-tay	to rebuff; to repel
	recevoir	ruh-suh-vwahr	to receive
	rechercher	ruh-shehr-shay	to research
	réclamer	ray-klah-may	to claim
	recommander	ruh-koh-mahn-day	to recommend
	reconnaître	ruh-koh-neh-truh	to recognize
	rectifier	rehk-tee-fyay	to rectify; to amend

R	R	P	A	S	R	E	D	O	M	M	O	C	C	A	R				
A	A	R	P	A	R	R	A	C	C	O	R	D	E	R	I	S			
M	L	A	É	R	É	A					É	R	E	G	N	A	R		
A	L	I	A	E	A	C					R	A	C	H	E	T	E	R	
S	O	D	N	B	N	C					R	I	O	V	E	C	E	R	
S	N	I	Ç	U	Ç	R					R	I	N	R	O	C	A	R	
E	G	R	E	T	N	O	C	A	R	E	N	N	O	Ç	N	A	R		
R	E	C	H	E	R	C	H	E	R	A	L	E	N	T	I	R			
S	R	R	R	R	E	H	S	R	T	R	A	C	L	E	R				
E	F	A	É	A	I	E	R	R	A	T									
R	J	I	A	O	R	R	U	A	E	F	R								
T	R	S	L	R	A	I	U	R	Y	C	F								
Î	E	O	I	R	C		H	R	I	O	O	I							
A	C	N	S	E	C			C	E	M	N	M	N						
N	T	N	E	I	O				Î	M	R	N	M	E					
N	I	E	R	F	U					A	A	E	E	A	R				
O	F	R	A	I	R						R	L	F	R	N	E			
C	I	N	S	T	C							F	C	F	E	D	Y		
E	E	U	E	A	I								A	É	A	N	E	A	
R	R	E	R	R	R									R	R	R	N	R	R

"Rome wasn't built in a day"

_ _ _ _ _ _ _ _ _ _' _ _ _ _ _ _

LINE: ***2*** ***18*** ***9*** ***1***

_ _ _ _ _ _ _ _ _ _ _ _ _

LINE: ***10*** ***20*** ***19*** ***11***

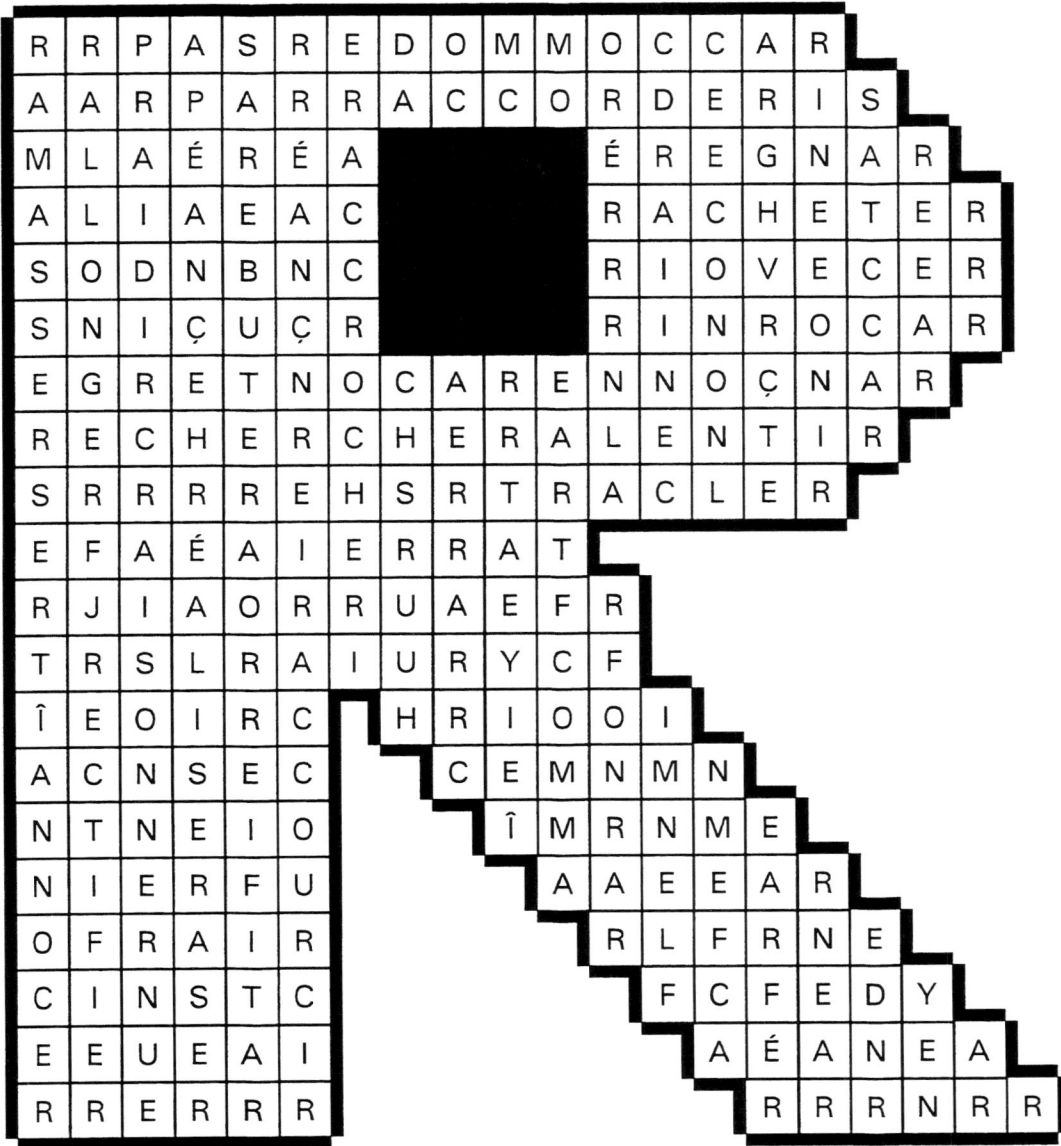

Place-A-Verb

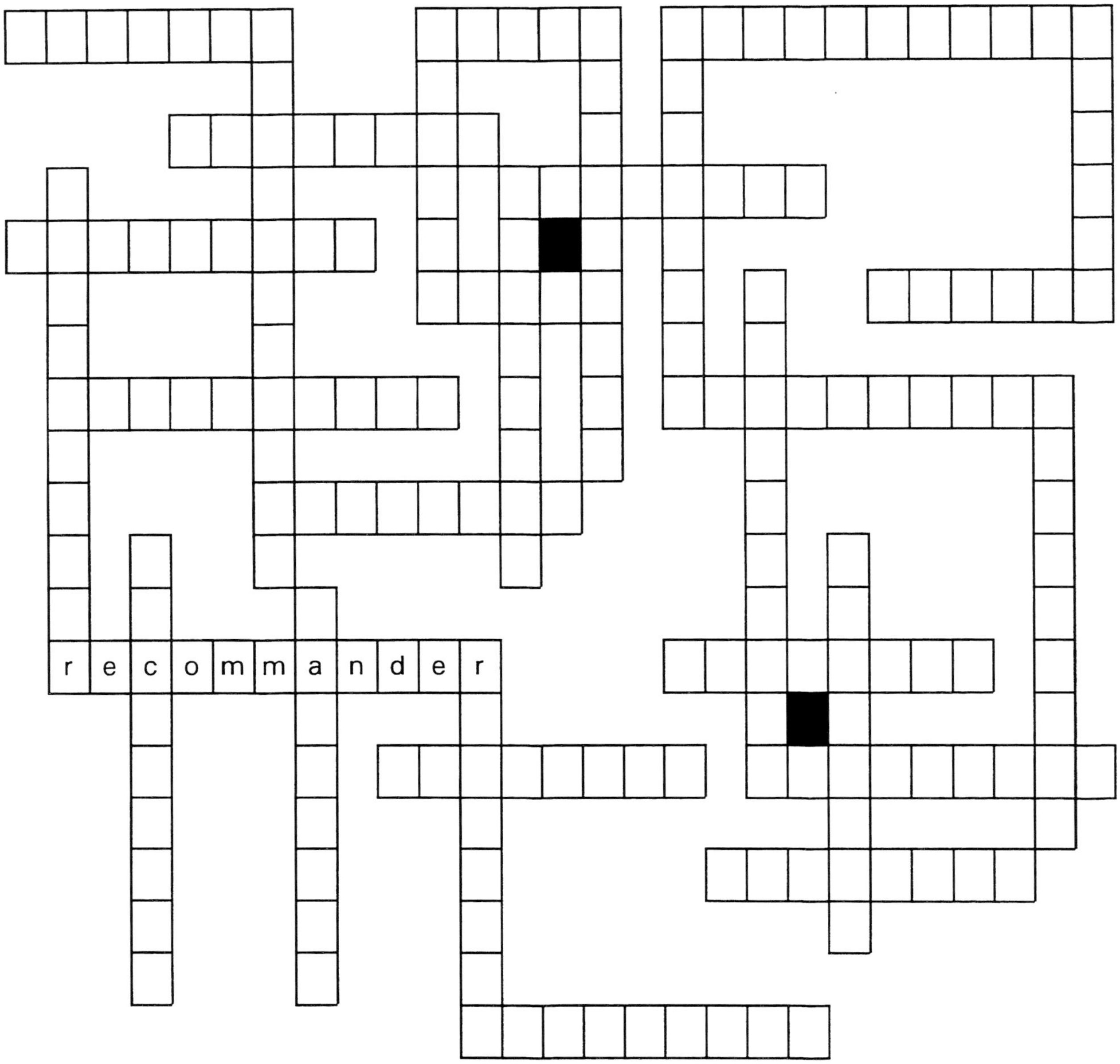

5 letters	6 letters	7 letters	8 letters	
raser	racler	rebuter	racheter	ratifier
rayer	raidir		raconter	rayonner
	ranger		racornir	réaliser
			raffiner	recevoir
			ralentir	réclamer
			ramasser	

9 letters		10 letters	11 letters
raccorder	rallonger	raccourcir	raccommoder
raffermir	rançonner	raccrocher	recommander
raisonner	rectifier	rafraîchir	reconnaître
		rechercher	

Crossword

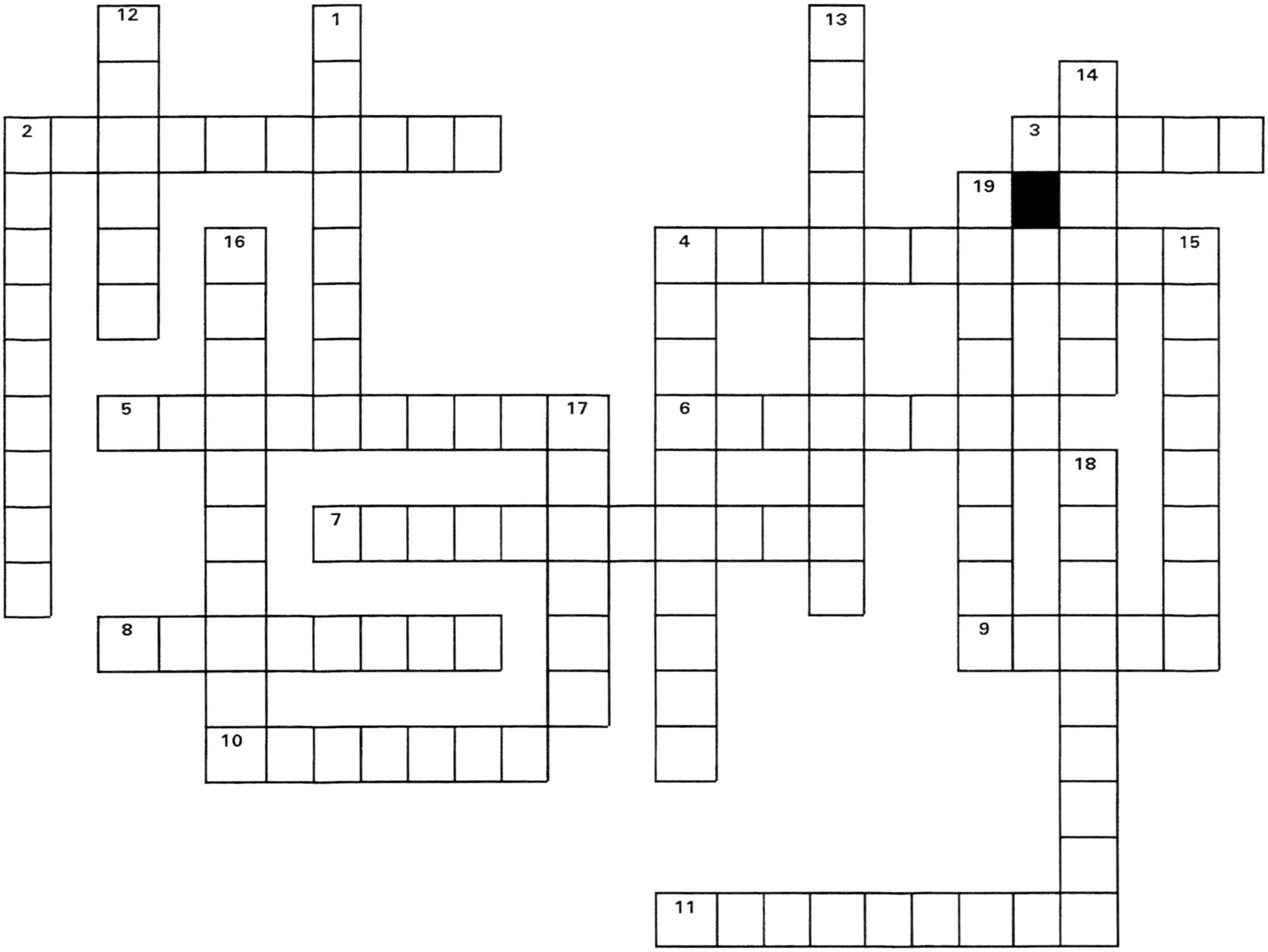

Across		Down	
2. to research	7. to recognize	1. to buy back	14. to tighten
3. to streak	8. to read to	2. to link	15. to harden
4. to suggest	9. to use a razor	4. to refresh	16. to shorten
5. to resuspend	10. to shun	12. to scrape	17. to sort
6. to __ like glitter	11. to ransom	13. to fix	18. to reason
			19. to make firmer

✓	VERB	PRONUNCIATION	DEFINITION(S)
	sabler	sah-blay	to place sand
	saboter	sah-boh-tay	to sabotage
	saigner	seh-nyay	to bleed
	saisir	seh-zeer	to seize; to grab
	saler	sah-lay	to cure (meat); to pickle
	salir	sah-leer	to dirty; to soil
	saliver	sah-lee-vay	to salivate
	saluer	sah-loo-ay	to greet; to salute
	satisfaire	sah-tees-fehr	to satisfy
	saturer	sah-too-ray	to saturate
	sauter	soh-tay	to jump; to leap
	sauver	soh-vay	to save; to preserve
	savoir	sah-vwahr	to know (facts)
	scier	shee-ay	to saw
	scruter	skroo-tay	to scrutinize
	sécher	say-shay	to dry
	sembler	sahm-blay	to seem; to appear
	sentir	sahn-teer	to feel
	séparer	say-pah-ray	to separate; to sever
	serrer	seh-ray	to clench; to grit (teeth)
	servir	sehr-veer	to serve
	siffler	see-flay	to whistle; to hiss
	signer	see-nyay	to sign
	signifier	see-nyee-fyay	to signify
	simplifier	sahn-plee-fyay	to simplify
	simuler	see-moo-lay	to simulate
	singer	sahn-zhay	to mimic; to ape
	situer	see-too-ay	to place; to locate
	soigner	swah-nyay	to care for; to look after
	solliciter	soh-lee-see-tay	to solicit; to beg; to ask for

Q U I S A L E R E I F I N G I S
R E L F F I S R S A I S I R É R É S
R S R É I S A S É C H E R C R E T U A S
E Û E S C B S I T U E R S S O I G N E R
I R E I O
F R E T N
I R E N T
L R I S G
P E R S A I R S É P A R E R O S L L I C
M M R E U L A S R I T N E S É A I S T I
I R E L U M I S A V O I R R S L M U L S
S E R E T I C I L L O S R E V I L A S E
R N I G R
I S G E V
V A T E I
E U V A R
S N U E R I A F S I T A S R E R U T A S
S E R R E R S A R E V U A S C L I V E R
T S A I S É R E N G I S S A B L E R
L E N T E M E N T R E L B M E S

"Slow but sure"

___ __ ____________

LINE: ***1*** ***15*** ***20***

__ __________

LINE: ***15*** ***COLUMN 2 DOWN***

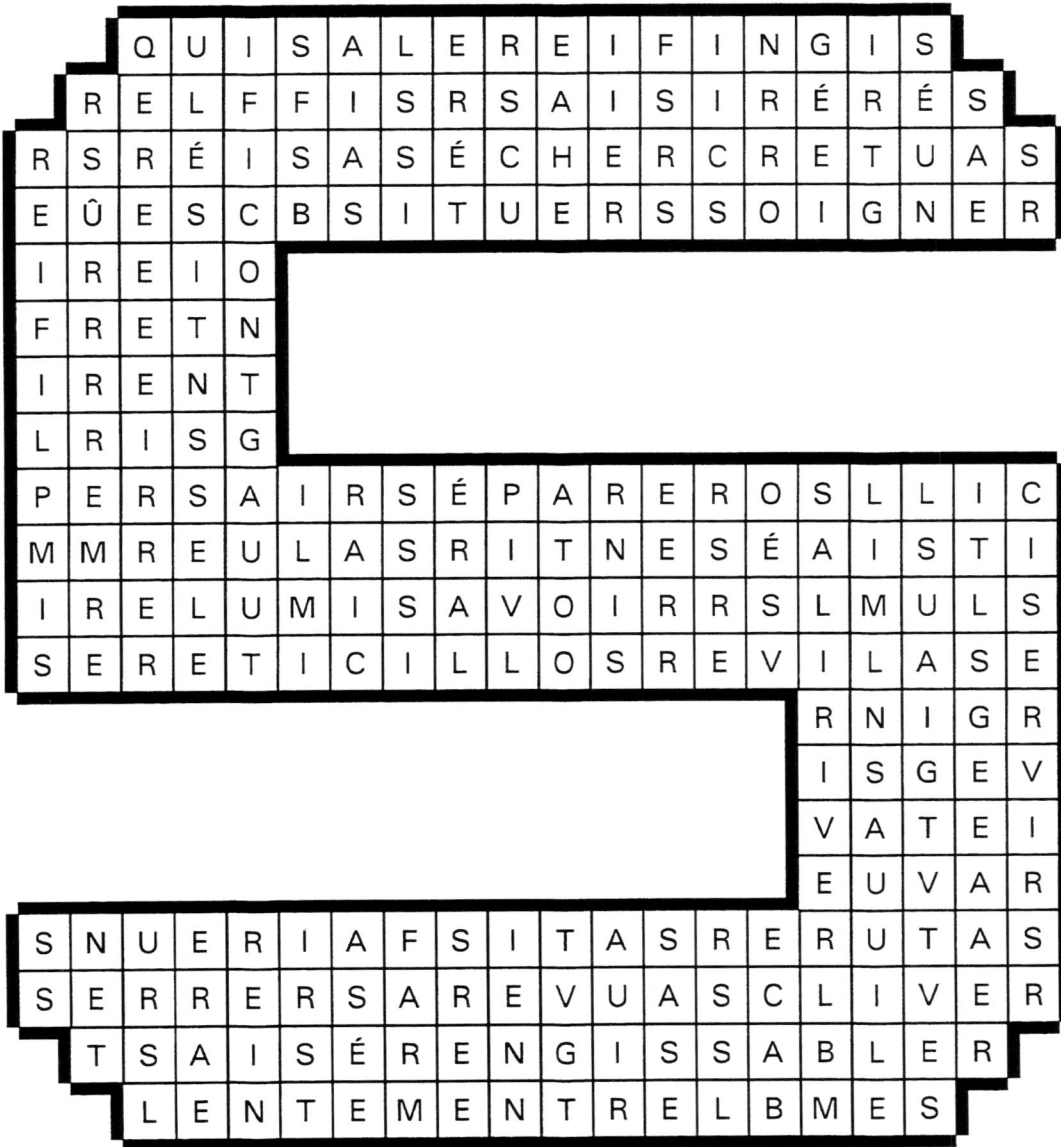

Unscramble & Match

___	1.	eerrrs	_ _ _ _ _ _	A.	to feel
___	2.	aiorsv	_ _ _ _ _ _	B.	to place sand
___	3.	aeblrs	_ _ _ _ _ _	C.	to saturate
___	4.	eiiocllrst	_ _ _ _ _ _ _ _ _ _	D.	to solicit; to beg
___	5.	eignrs	_ _ _ _ _ _	E.	to whistle; to hiss
___	6.	eifflrs	_ _ _ _ _ _ _	F.	to scrutinize
___	7.	eéchrs	_ _ _ _ _ _	G.	to bleed
___	8.	aaiiefrsst	_ _ _ _ _ _ _ _ _ _	H.	to greet; to salute
___	9.	aiirss	_ _ _ _ _ _	I.	to seem; to appear
___	10.	aeéprrs	_ _ _ _ _ _ _	J.	to serve
___	11.	iiieflmprs	_ _ _ _ _ _ _ _ _ _	K.	to saw
___	12.	eiognrs	_ _ _ _ _ _ _	L.	to sabotage
___	13.	eivrrs	_ _ _ _ _ _	M.	to dirty; to soil
___	14.	aeobrst	_ _ _ _ _ _ _	N.	to simulate
___	15.	aeurrst	_ _ _ _ _ _ _	O.	to save; to preserve
___	16.	aeilrsv	_ _ _ _ _ _ _	P.	to pickle
___	17.	eucrrst	_ _ _ _ _ _ _	Q.	to sever
___	18.	aeurst	_ _ _ _ _ _	R.	to mimic
A	19.	einrst	s e n t i r	S.	to sign
___	20.	eiiifgnrs	_ _ _ _ _ _ _ _ _	T.	to dry
___	21.	eiulmrs	_ _ _ _ _ _ _	U.	to salivate
___	22.	eiurst	_ _ _ _ _ _	V.	to grab
___	23.	eignrs	_ _ _ _ _ _	W.	to care for
___	24.	eeblmrs	_ _ _ _ _ _ _	X.	to signify
___	25.	eicrs	_ _ _ _ _	Y.	to place
___	26.	aeursv	_ _ _ _ _ _	Z.	to simplify
___	27.	aeulrs	_ _ _ _ _ _	AA.	to clench
___	28.	aelrs	_ _ _ _ _	BB.	to know facts
___	29.	ailrs	_ _ _ _ _	CC.	to satisfy
___	30.	aeignrs	_ _ _ _ _ _ _	DD.	to jump

Place-A-Verb

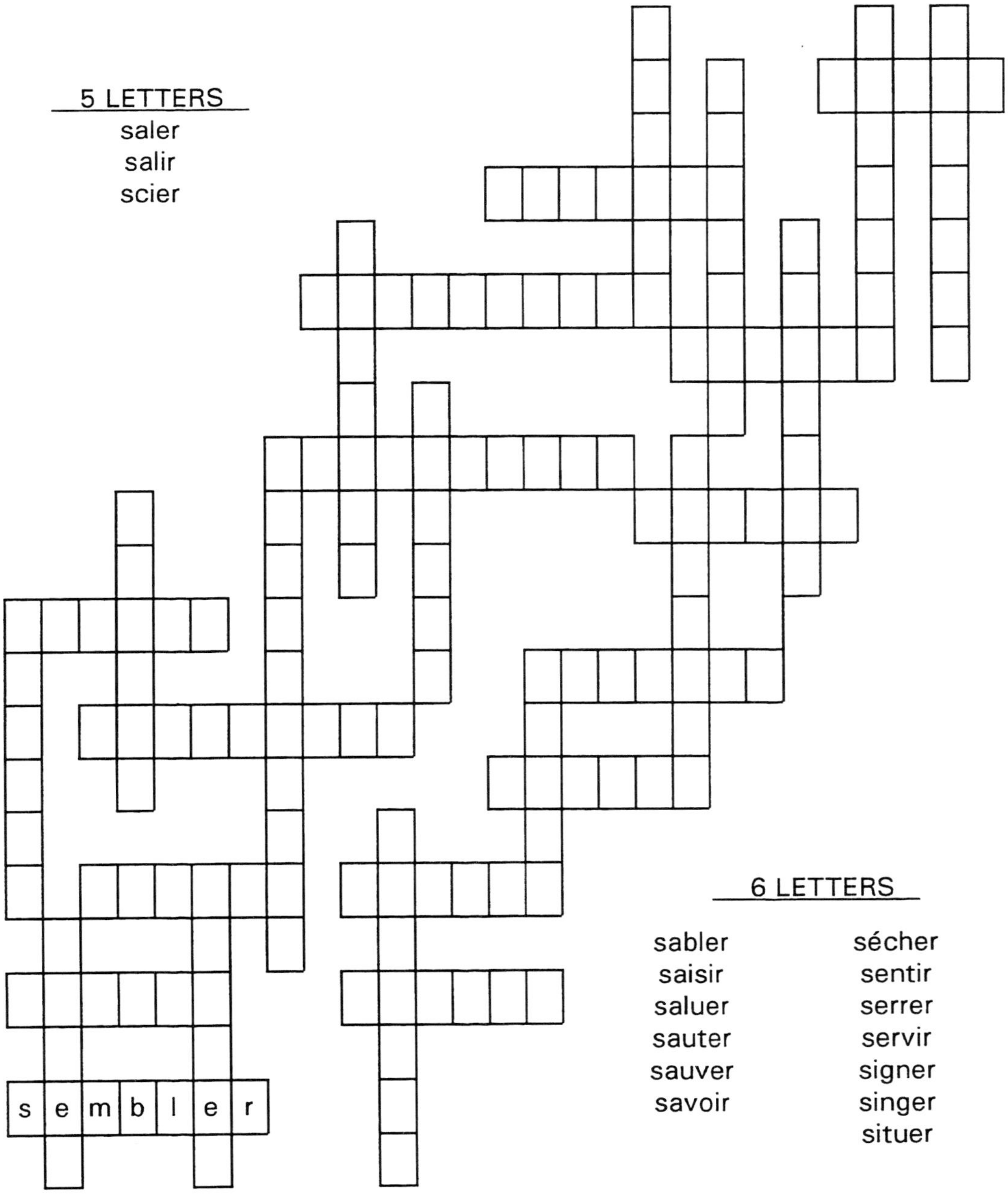

5 LETTERS

saler
salir
scier

6 LETTERS

sabler
saisir
saluer
sauter
sauver
savoir
sécher
sentir
serrer
servir
signer
singer
situer

7 LETTERS

saboter
saigner
saliver
saturer
scruter
sembler
séparer
siffler
simuler
soigner

9 LETTERS

signifier

10 LETTERS

satisfaire
simplifier
solliciter

✓	VERB	PRONUNCIATION	DEFINITION(S)
	tacher	tah-shay	to stain
	taire	tehr	to say nothing; to keep quiet
	tamponner	tahm-poh-nay	to stop up; to plug
	taper	tah-pay	to tap; to strike (keyboard)
	tapisser	tah-pee-say	to wallpaper; to cover
	tapoter	tah-poh-tay	to tap; to drum (fingers)
	tarder	tahr-day	to delay; to be late
	teindre	tahn-druh	to dye; to colour
	téléphoner	tay-lay-foh-nay	to telephone
	témoigner	tay-mwah-nyay	to witness; to testify
	tendre	tahn-druh	to stretch
	tenir	tuh-neer	to hold
	tenter	tahn-tay	to attempt; to undertake
	terminer	tehr-mee-nay	to end; to limit
	timbrer	tahm-bray	to stamp
	tirer	tee-ray	to pull
	tolérer	toh-lay-ray	to tolerate
	tomber	tohm-bay	to fall
	tonner	toh-nay	to thunder
	torturer	tohr-too-ray	to torment
	toucher	too-shay	to touch
	tourner	toor-nay	to turn
	tousser	too-say	to cough
	traduire	trah-dweer	to translate
	trahir	trah-eer	to betray
	traiter	treh-tay	to treat; to deal with
	transformer	trahns-fohr-may	to transform
	transpirer	trahns-pee-ray	to perspire
	transporter	trahns-pohr-tay	to transport
	travailler	trah-vah-yay	to work

T	R	A	V	A	I	L	L	E	R	S	O	N	R	E	N	R	U	O	T
C	H	A	Q	U	E	R	I	U	D	A	R	T	E	R	E	B	M	O	T
R	I	N	E	T	R	A	I	T	E	R	E	N	O	H	P	É	L	É	T
É	R	T	A	T	O	N	N	E	R	E	N	G	I	O	M	É	T	T	É
O	I	T	A	P	O	T	E	R	T	E	N	D	R	E	R	S	E	A	U
R	I	H	A	R	T	R	A	N	S	P	O	R	T	E	R	E	R	I	T
						A	T	O	T	A	P	I	R						
						N	P	U	N	I	M	D	R						
						S	T	E	R	B	A	E	R						
						F	E	T	R	E	T	E	E						
						O	D	E	É	N	R	É	R						
						R	R	L	E	D	T	E	E						
						M	A	T	N	A	N	R	R						
						E	T	I	R	I	I	E	I						
						R	E	D	M	A	S	H	P						
						T	E	R	T	S	É	C	S						
						R	E	E	U	S	T	A	N						
						T	B	O	E	A	U	T	A						
						À	T	O	U	C	H	E	R						
						R	E	S	S	I	P	A	T						

"There is no place like home"

LINE:	__ ***19***	_ _ _ _ _ _ _ ***2***	_ _ _ _ _ _ _ ***5***
LINE:	_ _ _ ***1***	_ _ _ ***8***	_ _ _ ***17***	_ _ _ _ ***18***

Unscramble & Match

___	1.	aechrt	_ _ _ _ _ _	A.	to to deal with
___	2.	eeidnrt	_ _ _ _ _ _ _	B.	to thunder
___	3.	eibmrrt	_ _ _ _ _ _ _	C.	to witness
___	4.	eenrtt	_ _ _ _ _ _	D.	to attempt
___	5.	aaiellrrtv	_ _ _ _ _ _ _ _ _ _	E.	to delay
___	6.	eoursst	_ _ _ _ _ _ _	F.	to stretch
___	7.	aihrrt	_ _ _ _ _ _	G.	to stain
___	8.	aeirt	_ _ _ _ _	H.	to work
___	9.	eéolrrt	_ _ _ _ _ _ _	I.	to pull
___	10.	eééohlnprt	_ _ _ _ _ _ _ _ _ _	J.	to keep quiet
___	11.	aieudrrt	_ _ _ _ _ _ _ _	K.	to wallpaper
___	12.	aeinprrrst	_ _ _ _ _ _ _ _ _ _	L.	to touch
___	13.	eéiogmnrt	_ _ _ _ _ _ _ _ _	M.	to translate
___	14.	aeprt	_ _ _ _ _	N.	to torment
___	15.	aeoprtt	_ _ _ _ _ _ _	O.	to perspire
___	16.	einrt	_ _ _ _ _	P.	to end
___	17.	eirrt	_ _ _ _ _	Q.	to tolerate
___	18.	eednrt	_ _ _ _ _ _	R.	to stamp
___	19.	aeomnnprt	_ _ _ _ _ _ _ _ _	S.	to plug
___	20.	aeofmnrrrst	_ _ _ _ _ _ _ _ _ _ _	T.	to transport
___	21.	aeirrtt	_ _ _ _ _ _ _	U.	to turn
___	22.	eounrrt	_ _ _ _ _ _ _	V.	to fall
___	23.	eonnrt	_ _ _ _ _ _	W.	to telephone
___	24.	aeonprrrstt	_ _ _ _ _ _ _ _ _ _ _	X.	to tap
___	25.	eobmrt	_ _ _ _ _ _	Y.	to drum fingers
___	26.	eourrrtt	_ _ _ _ _ _ _ _	Z.	to cough
___	27.	aedrrt	_ _ _ _ _ _	AA.	to transform
L	28.	eouchrt	t o u c h e r	BB.	to dye
___	29.	eeimnrrt	_ _ _ _ _ _ _ _	CC.	to hold
___	30.	aeiprsst	_ _ _ _ _ _ _ _	DD.	to betray

Crossword

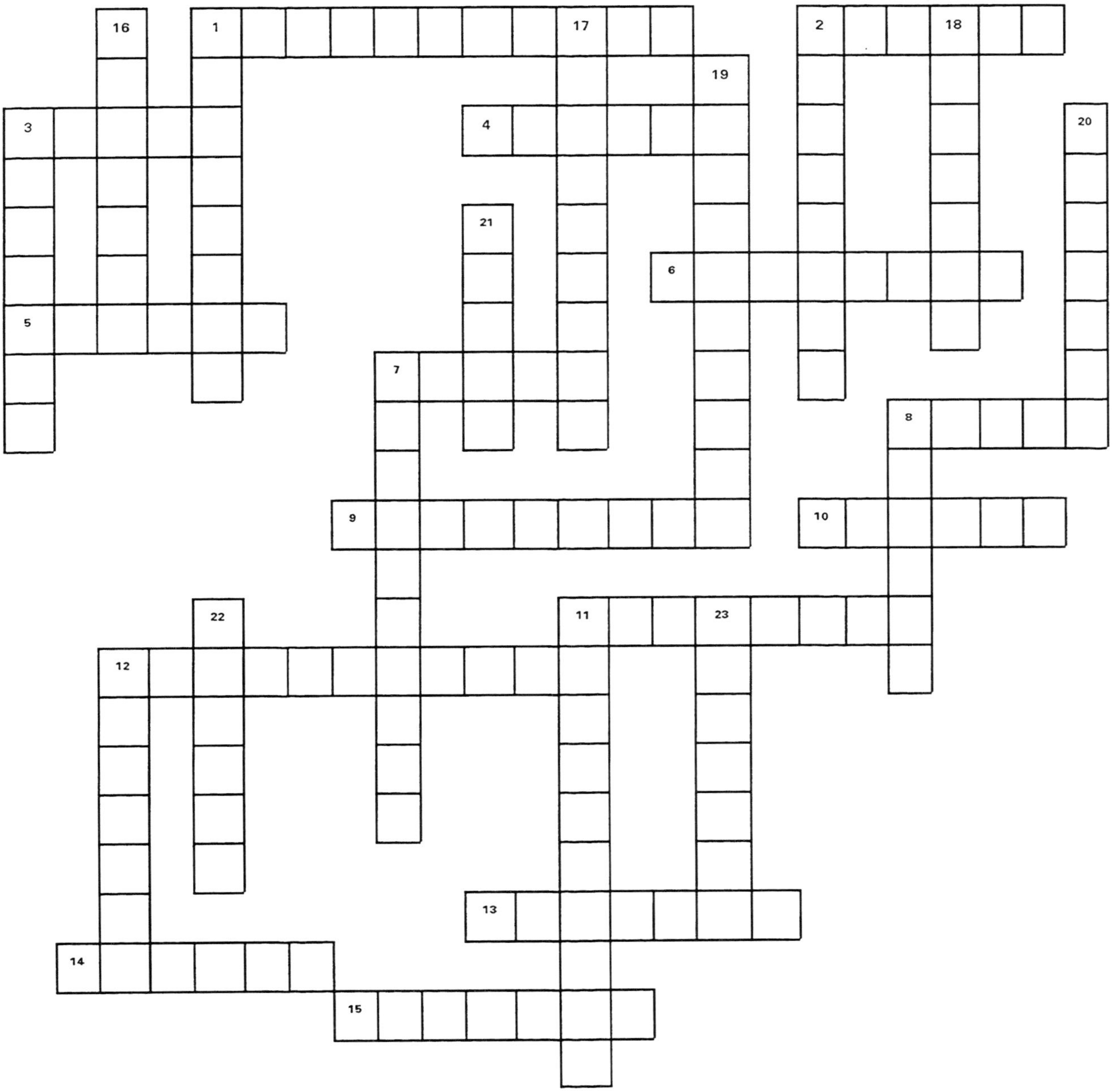

Across		Down	
1. to transport 2. to attempt 3. to tap 4. to fall 5. to delay 6. to wallpaper 7. to stay quiet 8. to pull	9. to witness 10. to thunder 11. to torture 12. to transform 13. to dye 14. to betray 15. to touch	1. to end 2. to translate 3. to treat 7. to telephone 8. to stretch 11. to perspire 12. to stamp	16. to drum fingers 17. to plug 18. to tolerate 19. to work 20. to turn 21. to hold 22. to stain 23. to cough

✓	VERB	PRONUNCIATION	DEFINITION(S)
	ulcérer	oohl-say-ray	to ulcerate
	ululer	ooh-looh-lay	to hoot
	unifier	ooh-nee-fyay	to unify
	uniformiser	ooh-nee-fohr-mee-zay	to standardize
	unir	ooh-neer	to unite
	urbaniser	oohr-bah-nee-zay	to urbanize; to develop
	uriner	ooh-ree-nay	to urinate
	user	ooh-zay	to use
	usiner	ooh-zee-nay	to machine; to tool
	utiliser	ooh-tee-lee-zay	to utilize

		S	E	R											N	P	E		
	L	C	É	R	U									L	I	E	R	R	
U	N	I	F	O	R	M							I	N	S	E	E	U	E
U	R	U	N	I	S	U							U	U	R	N	I	T	É
U	L	C	É	R	R	U							N	U	I	U	L	I	R
Q	U	U	O	N	S	N							E	R	V	O	U	L	S
U	U	U	L	I	N	R							U	T	U	N	I	I	U
D	E	M	N	E	A	E							N	D	E	P	A	S	S
I	E	E	B	I	R	S							S	L	U	N	I	E	I
L	R	S	U	A	E	I							U	I	I	R	U	R	F
L	I	N	N	I	N	N							N	D	R	E	S	S	O
I	L	I	F	O	R	A							I	E	N	U	R	E	E
S	I	S	M	I	S	B	R					R	R	É	F	I	E	R	U
U	N	I	F	I	E	R	J	A	M	A	I	É	S	U	N	A	V	I	S
E	T	R	R	I	R	U	C	L	U	R	C	U	N	E	R	E	U	N	N
R	U	U	U	T	I	L	I	S	E	L	R	U	S	I	R	U	S	I	I
U	R	B	A	N	I	S	E	U	U	U	N	N	I	F	I	E	R	U	F
N	E	D	O	N	N	R	E	R	E	S	I	M	R	O	F	I	N	U	Z
	E	S	I	N	A	B	R	U	D	E	M	A	N	E	D	E	P	A	
		I	L	I	S	U	L	U	L	E	U	T	I	L	U	S	S		

"Never give advice unasked"

__ ________ _______ __ _____

LINE: *18* *14*

__'__ __ _____ _________ ___

LINE: *6* *8*

Crossword

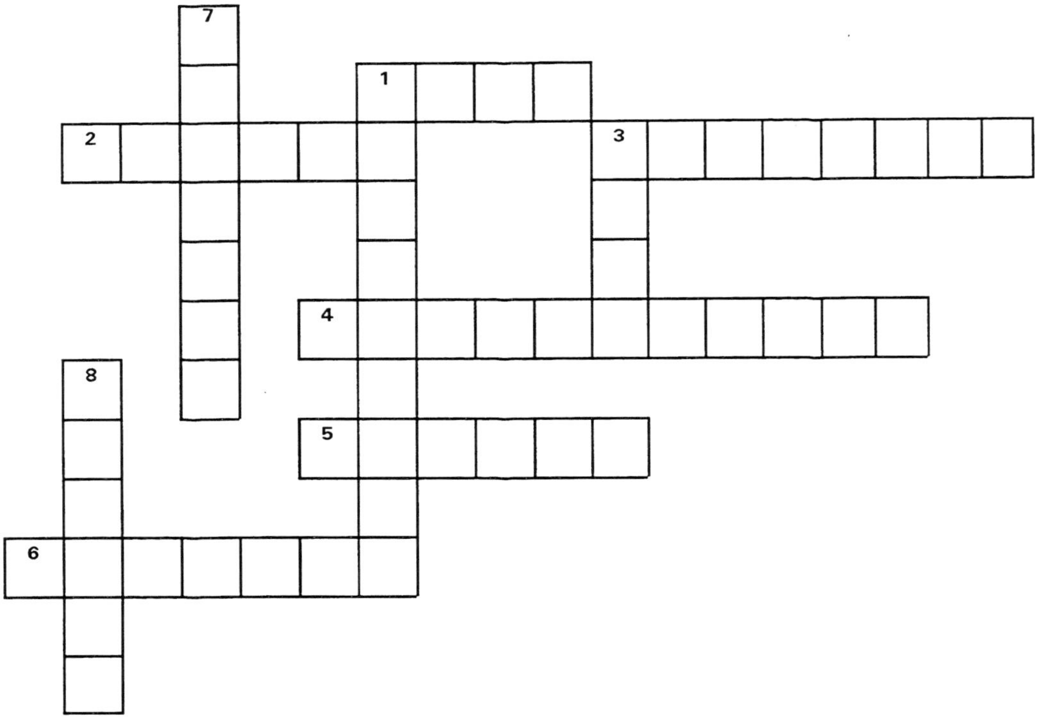

ACROSS	DOWN
1. to unite	1. to develop
2. to urinate	3. to use
3. to utilize	7. to unify
4. to standardize	8. to hoot
5. to machine	
6. to ulcerate	

Matching

____	1.	user	A.	to utilize
____	2.	urbaniser	B.	to machine
____	3.	ulcérer	C.	to standardize
____	4.	unifier	D.	to ulcerate
____	5.	unir	E.	to use
____	6.	utiliser	F.	to develop
____	7.	uriner	G.	to hoot
____	8.	ululer	H.	to urinate
____	9.	uniformiser	I.	to unify
____	10.	usiner	J.	to unite

Unscramble & Place-A-Verb

4 letters	6 letters	7 letters	8 letters	9 letters	11 letters
iunr	elluur	eéuclrr	eiiultrs	aeiubnrrs	eiioufmnrrs
eurs	eiunrr	eiiufnr			
	eiunrs				

4 letters

_ _ _ _

_ _ _ _

6 letters

_ _ _ _ _ _

_ _ _ _ _ _

_ _ _ _ _ _

7 letters

_ _ _ _ _ _ _

_ _ _ _ _ _ _

8 letters

_ _ _ _ _ _ _ _

9 letters

_ _ _ _ _ _ _ _ _

11 letters

_ _ _ _ _ _ _ _ _ _ _

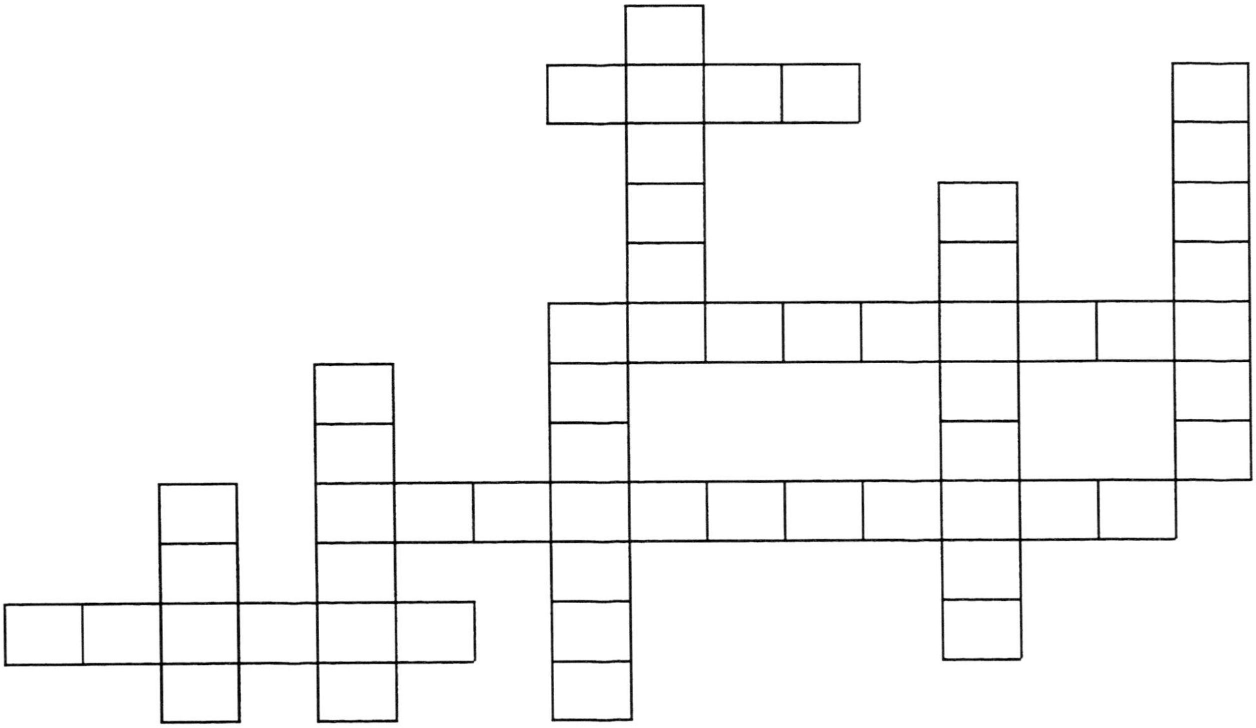

✓	VERB	PRONUNCIATION	DEFINITION(S)
	vacciner	vahk-see-nay	to vaccinate
	vaciller	vah-see-yay	to fluctuate; to sway
	vagabonder	vah-gah-bohn-day	to roam
	vaguer	vah-gay	to wander
	vaincre	vahn-kruh	to defeat; to master
	valider	vah-lee-day	to validate
	valoir	vah-lwahr	to be worth
	valoriser	vah-loh-ree-zay	to increase the value of
	valser	vahl-say	to waltz
	vamper	vahm-pay	to seduce
	vanter	vahn-tay	to praise
	vaporiser	vah-poh-ree-zay	to vaporize
	vaquer	vah-kay	to be vacant (situation)
	varier	vah-ree-ay	to vary; to change (weather)
	végéter	vay-zhay-tay	to vegetate
	véhiculer	vay-ee-koo-lay	to transport; to cart
	veiller	vay-yay	to stay awake
	vendre	vahn-druh	to sell
	venger	vahn-zhay	to avenge; to vindicate
	venir	vuh-neer	to come
	ventiler	vahn-tee-lay	to ventilate; to air
	vérifier	vay-ree-fyay	to verify
	vernir	vehr-neer	to polish; to varnish
	verser	vehr-say	to overturn
	vêtir	veh-teer	to clothe; to dress
	vexer	vehk-say	to vex; to irritate
	vibrer	vee-bray	to vibrate
	vicier	vee-syay	to poison; to taint
	vider	vee-day	to empty
	vieillir	vyay-yeer	to grow old; to age

V A C R   R V A C
V V A E E   T E I G E
E É G L A D   R E U G A V
N V R L I O N   L E N Q C E V
G B O I N D E O   V Ê T R A I E T
E R V C F A L R B   V E N G E V N V Ê
R E N A G I E N I A   D Ê R E R E T N A V
V I V V D E E V E O G   V E T I E V I I R R R
A V É E V É R Ê T L A   V É H I C U L E R E I
P Ê G I R E D I L A V V R D R N E E V I N
O T É L E R D N E V E V É R R I F R E
R V T L S V Ê I A R E N I C C A V
I A E E L É T I N É V É G V É
S M R R A E N I T E R V A
E P E V V C R L O I R
R E S I R O L A V
R R R E V É H
V Ê E T I
L A V
R

"Violence breeds violence"

_ _   _ _ _ _ _ _ _ _ _   _ _ _ _ _ _ _ _ _

LINE: ***19***   ***4***   ***7***

_ _   _ _ _ _ _ _ _ _ _

LINE: ***19***   ***4***

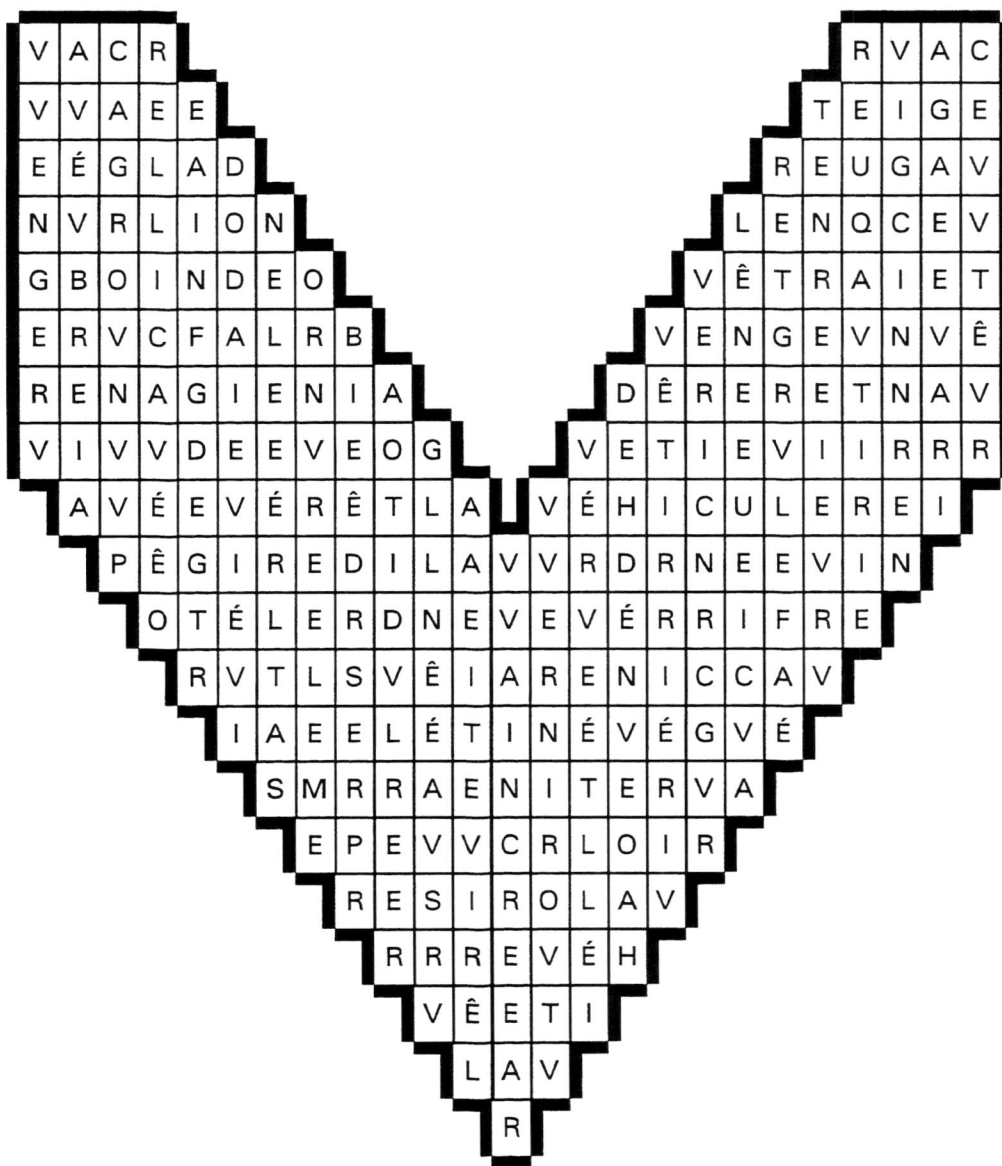

Unscramble & Match

___	1.	aeiolrrsv	_ _ _ _ _ _ _ _ _	A.	to vaccinate
___	2.	aeuqrv	_ _ _ _ _ _	B.	to vaporize
___	3.	aeioprrsv	_ _ _ _ _ _ _ _ _	C.	to vary
___	4.	aieccnrv	_ _ _ _ _ _ _ _	D.	to vex; to irritate
___	5.	eednrv	_ _ _ _ _ _	E.	to sell
___	6.	eiiillrv	_ _ _ _ _ _ _ _	F.	to validate
___	7.	eervx	_ _ _ _ _	G.	to come
___	8.	aeirrv	_ _ _ _ _ _	H.	to age
___	9.	aeicllrv	_ _ _ _ _ _ _ _	I.	to polish
___	10.	aeicnrv	_ _ _ _ _ _ _	J.	to be vacant
___	11.	eéégrtv	_ _ _ _ _ _ _	K.	to waltz
___	12.	eéiifrrv	_ _ _ _ _ _ _ _	L.	to stay awake
___	13.	eéiuchlrv	_ _ _ _ _ _ _ _ _	M.	to transport
___	14.	eidrv	_ _ _ _ _	N.	to clothe
___	15.	eiicrv	_ _ _ _ _ _	O.	to taint
___	16.	eerrsv	_ _ _ _ _ _	P.	to fluctuate
___	17.	eeillrv	_ _ _ _ _ _ _	Q.	to be worth
___	18.	eibrrv	_ _ _ _ _ _	R.	to verify
___	19.	aiolrv	_ _ _ _ _ _	S.	to seduce
___	20.	aaeobdgnrv	_ _ _ _ _ _ _ _ _ _	T.	to wander
___	21.	aenrtv	_ _ _ _ _ _	U.	to vibrate
___	22.	êirtv	_ _ _ _ _	V.	to overturn
___	23.	aelrsv	_ _ _ _ _ _	W.	to avenge
___	24.	eegnrv	_ _ _ _ _ _	X.	to ventilate
___	25.	eeilnrtv	_ _ _ _ _ _ _ _	Y.	to empty
___	26.	aemprv	_ _ _ _ _ _	Z.	to vegetate
___	27.	aeidlrv	_ _ _ _ _ _ _	AA.	to roam
G	28.	einrv	v e n i r	BB.	to increase the value
___	29.	einrrv	_ _ _ _ _ _	CC.	to praise
___	30.	aeugrv	_ _ _ _ _ _	DD.	to defeat

Crossword

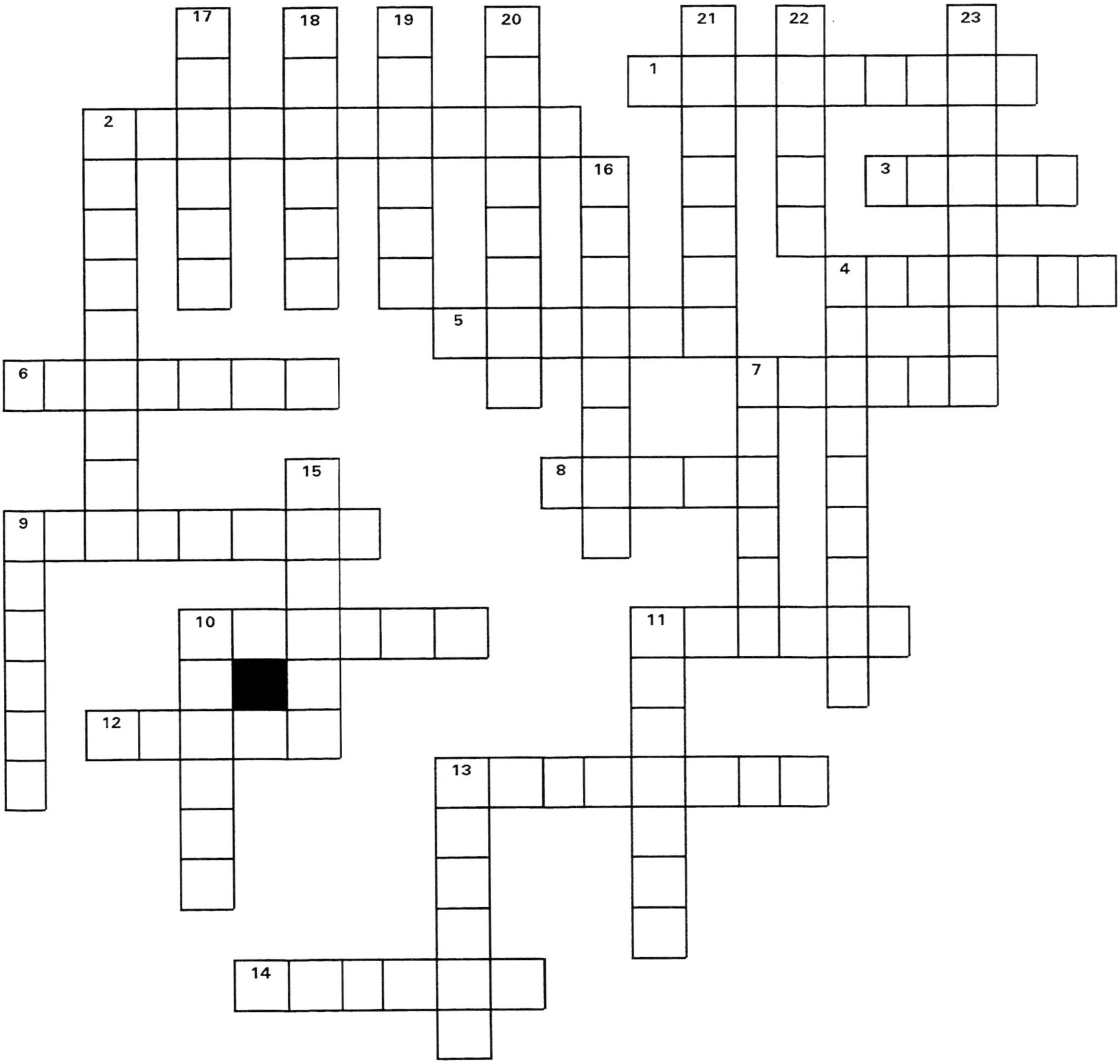

Across		Down	
1. to transport	8. to irritate	2. to vaporize	16. to sway
2. to roam	9. to verify	4. to increase value	17. to wander
3. to clothe	10. to avenge	7. to overturn	18. to vibrate
4. to stay awake	11. to vary	9. to be vacant	19. to sell
5. to taint	12. to come	10. to praise	20. to age
6. to defeat	13. to vaccinate	11. to validate	21. to vegetate
7. to be worth	14. to seduce	13. to waltz	22. to empty
		15. to polish	23. to ventilate

✓	VERB	PRONUNCIATION	DEFINITION(S)
	warranter	wah-rahn-tay	to warranty

✓	VERB	PRONUNCIATION	DEFINITION(S)
	zébrer	zay-bray	to stripe; to streak
	zézayer	zay-zah-yay	to lisp
	zigzaguer	zeeg-zah-gay	to zigzag
	zozoter	zoh-zoh-tay	to lisp

T	E	A	T						A	A	A	A
P	O	U	V						O	R	I	R
R	A	T	R						N	E	R	E
V	O	U	L						O	T	I	R
S	E	C	W			C			A	N	A	T
W	A	R	W		A	E	A		E	A	N	N
A	W	A	A	R	W	S	A	R	R	R	T	A
R	R	R	R	W	A	T	R	R	R	R	E	R
O	I	U	V	P	R		W	A	A	A	E	A
A	A	R	A	W				W	A	W	N	W

"Where there is a will there is a way."

_ _ _ _ _ _ _ _

LINE: 4

_ ' _ _ _

COLUMN 7 DOWN

_ _ _ _ _ _ _ _ _

LINE: 2

"Darn it!"

_ _ _ !

LINE: 20

Z	I	E	Y	A	Z	É	Z	A	Y	E	R
Z	R	E	R	B	É	Z	R	R	R	Z	G
						R	R	Z	Z	R	
					E	E	O	R	E		
				T	E	Z	E	Y			
			O	T	O	Y	A				
		Z	O	T	A	R					
	O	Z	T	Z	B						
Z	O	E	A	E	Z	O	Z	O	T	E	E
Z	U	T	R	E	U	G	A	Z	G	I	Z

Crossword

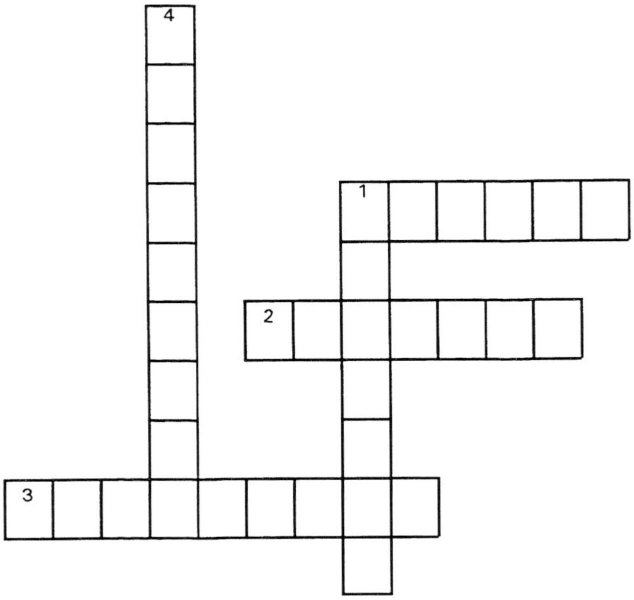

Across
1. to streak
2. to lisp
3. to warranty

Down
1. to lisp
4. to zigzag

IDENTIFY

1.	A speech impediment	______________ ______________
2.	to guarantee	______________
3.	to move back and forth	______________
4.	to apply stripes	______________

MATCHING

___	1.	zézayer	A.	to warranty
___	2.	zigzaguer	B.	to lisp
___	3.	warranter	C.	to stripe
___	4.	zébrer	D.	to zigzag

Summary of Tenses

Using the verb, "parler" (to speak), we will now summarize all tenses and moods for regular "er" verbs.

VERB	DEFINITION	TENSE
parler	to speak	L'Infinitif - Infinitive
tu parles	you speak	Le Présent - Present
tu parlais	you spoke; you used to speak; you were speaking	L'Imparfait - Imperfect
tu parlas	you spoke	Le Passé Simple - Past Definite - Used in formal writing (literature and history)
tu parleras	you will speak	Le Futur - Future
tu vas parler	you are going to speak	Le Futur Proche - Near Future *
tu parlerais	you would speak	Le Conditionnel - Conditional
que tu parles	that you may speak	Le Présent du Subjonctif - Present Subjunctive
que tu parlasses	that you might speak	L'Imparfait du Subjonctif - Imperfect Subjunctive
tu as parlé	you spoke; you have spoken	Le Passé Composé - Compound Past
tu avais parlé	you had spoken	Le Plus-que-parfait - Pluperfect
tu eus parlé	you spoke	Le Passé Antérieur - Past Anterior - Used in formal writing (history and literature)
tu auras parlé	you will have spoken	Le Futur Antérieur - Future Perfect
tu aurais parlé	you would have spoken	Le Conditionnel Passé - Conditional Perfect
que tu aies parlé	that you may have spoken	Le Passé du Subjonctif - Past or Perfect Subjunctive
que tu eusses parlé	that you might have spoken	Le Plus-que-parfait du Subjonctif Pluperfect or Perfect Subjunctive - Used in formal writing (history and literature)
parle	speak!	L'Impératif - Imperative *

* The conversational future and the imperative are moods; not tenses.

Summary of Tenses

Using the verb, "finir" (to finish), we will now summarize all tenses and moods for regular "ir" (choisir class) verbs.

VERB	DEFINITION	TENSE
finir	to finish	L'Infinitif - Infinitive
tu finis	you finish	Le Présent - Present
tu finissais	you finish; you used to finish; you were finishing	L'Imparfait - Imperfect
tu finis	you finished	Le Passé Simple - Past Definite - Used in formal writing (literature and history)
tu finiras	you will finish	Le Futur - Future
tu vas finir	you are going to finish	Le Futur Proche - Near Future *
tu finirais	you would finish	Le Conditionnel - Conditional
que tu finisses	that you may finish	Le Présent du Subjonctif - Present Subjunctive
que tu finisses	that you might finish	L'Imparfait du Subjonctif - Imperfect Subjunctive
tu as fini	you finished; you have finished	Le Passé Composé - Compound Past
tu avais fini	you had finished	Le Plus-que-parfait - Pluperfect
tu eus fini	you finished	Le Passé Antérieur - Past Anterior - Used in formal writing (history and literature)
tu auras fini	you will have finished	Le Futur Antérieur - Future Perfect
tu aurais fini	you would have finished	Le Conditionnel Passé - Conditional Perfect
que tu aies fini	that you may have finished	Le Passé du Subjonctif - Past or Perfect Subjunctive
que tu eusses fini	that you might have finished	Le Plus-que-parfait du Subjonctif Pluperfect or Perfect Subjunctive - Used in formal writing (history and literature)
finis	finish!	L'Impératif - Imperative *

* The conversational future and the imperative are moods; not tenses.

Summary of Tenses

Using the verb, "dormir" (to sleep), we will now summarize all tenses and moods for regular "ir" (sortir class) verbs.

VERB	DEFINITION	TENSE
dormir	to sleep	L'Infinitif - Infinitive
tu dors	you sleep	Le Présent - Present
tu dormais	you slept; you used to sleep; you were sleeping	L'Imparfait - Imperfect
tu dormis	you slept	Le Passé Simple - Past Definite - Used in formal writing (literature and history)
tu dormiras	you will sleep	Le Futur - Future
tu vas dormir	you are going to sleep	Le Futur Proche - Near Future *
tu dormirais	you would sleep	Le Conditionnel - Conditional
que tu dormes	that you may sleep	Le Présent du Subjonctif - Present Subjunctive
que tu dormisses	that you might sleep	L'Imparfait du Subjonctif - Imperfect Subjunctive
tu as dormi	you slept; you have slept	Le Passé Composé - Compound Past
tu avais dormi	you had slept	Le Plus-que-parfait - Pluperfect
tu eus dormi	you slept	Le Passé Antérieur - Past Anterior - Used in formal writing (history and literature)
tu auras dormi	you will have slept	Le Futur Antérieur - Future Perfect
tu aurais dormi	you would have slept	Le Conditionnel Passé - Conditional Perfect
que tu aies dormi	that you may have slept	Le Passé du Subjonctif - Past or Perfect Subjunctive
que tu eusses dormi	that you might have slept	Le Plus-que-parfait du Subjonctif Pluperfect or Perfect Subjunctive - Used in formal writing (history and literature)
dors	sleep!	L'Impératif - Imperative *

* The conversational future and the imperative are moods; not tenses.

Summary of Tenses

Using the verb, "vendre" (to sell), we will now summarize all tenses and moods for regular "re" verbs.

VERB	DEFINITION	TENSE
vendre	to sell	L'Infinitif - Infinitive
tu vends	you sell	Le Présent - Present
tu vendais	you sold; you used to sell; you were selling	L'Imparfait - Imperfect
tu vendis	you sold	Le Passé Simple - Past Definite - Used in formal writing (literature and history)
tu vendras	you will sell	Le Futur - Future
tu vas vendre	you are going to sell	Le Futur Proche - Near Future *
tu vendrais	you would sell	Le Conditionnel - Conditional
que tu vendes	that you may sell	Le Présent du Subjonctif - Present Subjunctive
que tu vendisses	that you might sell	L'Imparfait du Subjonctif - Imperfect Subjunctive
tu as vendu	you sold; you have sold	Le Passé Composé - Compound Past
tu avais vendu	you had sold	Le Plus-que-parfait - Pluperfect
tu eus vendu	you sold	Le Passé Antérieur - Past Anterior - Used in formal writing (history and literature)
tu auras vendu	you will have sold	Le Futur Antérieur - Future Perfect
tu aurais vendu	you would have sold	Le Conditionnel Passé - Conditional Perfect
que tu aies vendu	that you may have sold	Le Passé du Subjonctif - Past or Perfect Subjunctive
que tu eusses vendu	that you might have sold	Le Plus-que-parfait du Subjonctif Pluperfect or Perfect Subjunctive - Used in formal writing (history and literature)
vends	sell!	L'Impératif - Imperative *

* The conversational future and the imperative are moods; not tenses.

Solutions

page 2	"A word to the wise is sufficient" «À bon entendeur, salut!» (ah bohn-ahn-tahn-duhr sah-loo)

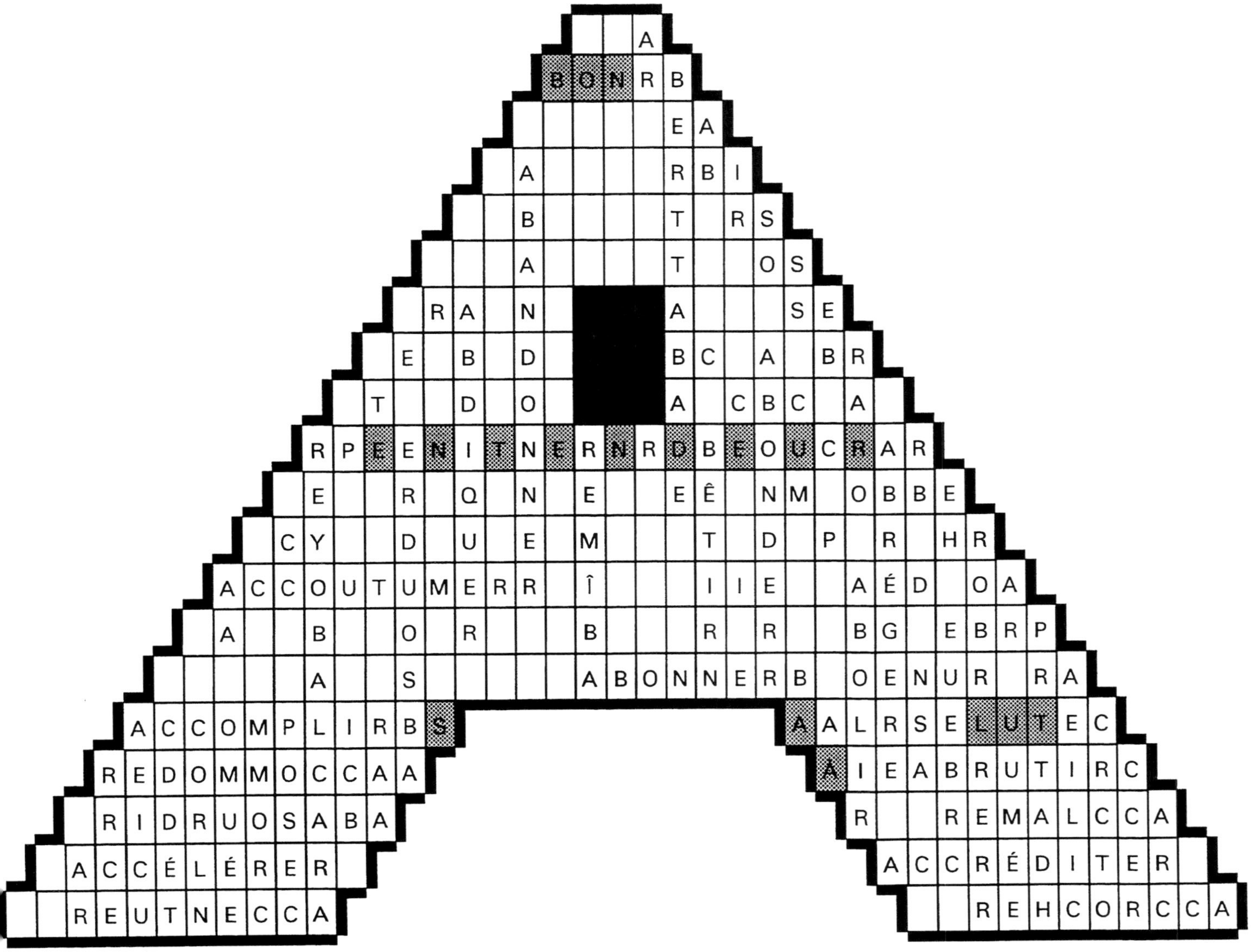

page 3 The present tense and «Je»

1. j	4. a	7. k	10. g	13. c
2. f	5. i	8. h	11. n	14. l
3. m	6. o	9. b	12. d	15. e

T	I	D	E	R	C	I	L	O	W	E	R	J	A	B	H	O	R	R	E
		J		T	I				J		R	J	A	B	U	S	E	N	T
		J	A	B	A	I	S	S	E	A		È		B			G		A
E				C	C	D					B		L		O	A		R	R
	G		I	A	C	C	O	M	P	L	I	S	H	É	P	N	E		E
E		È	B		O	E		M			E		O	M	C	E	N		L
T	E		R		M		P		M	H			O	R	H	C		E	E
I	U		O	B	P			T	C	O		C		C	B		A		C
D	T	T	S		A			O	E		C		I			E		J	C
É	N	S	B		N	J	R		J	A	C	C	O	M	M	O	D	E	A
R	E	E	A		Y	C			J		E	M	A	L	C	C	A	J	I
C	C	T	I		C		I	E	M	P	H	A	S	I	Z	E			
C	C	E	I	A	C	C	E	P	T	E	B	I	R	C	S	B	U	S	I
A	A	D	J		I	H	A	N	G			I	S	H	O	R	T	E	N
J	J	I	E	S	U	S	I	M	I	J	A	C	C	O	M	P	L	I	S

page 4 The present tense and «Tu»

1. f 2. j 3. n	4. a 5. i 6. b	7. d 8. o 9. g	10. k 11. m 12. h	13. c 14. e 15. l

E	C	N	U	O	N	E	R	U	O	Y	S	E	D	N	O	B	A	U	T
Z		T	Y		Y		R	E	T	L	E	H	S	U	O	Y	T		U
I	S	U	O	T	O						R	T					U		A
L	T	A	U	I	U	S	E	E	R	G	A	U	O	Y	Y		A		B
A	A	B	R	U	H	E					P	A			O		B		A
T	B	O	U	Q	O	U					A	B			U		Î	N	S
U	A	I	I	U	A	Q					C	S			D		M	E	O
R	U	E	N	O	R	I	T	U	A	C	C	O	R	D	E	S	E	F	U
B	T	S		Y	D	D	N	U	O	B	A	U	O	Y	F		S	A	R
U	H	S	I	L	O	B	A	U	O	Y	U	S			E			E	D
O	S	I	L	O	B	A	U	T	S	E	T	I	R	B	A	U	T	D	I
Y	O	U	A	C	C	U	S	T	O	M	Y	O	U	S	T	U	N	U	S
T	U	A	B	R	U	T	I	S			N	O	D	R	A	P	U	O	Y
T	U	A	C	C	O	U	T	U	M	E	S	K	R	A	B	U	O	Y	
S	I	T	Ê	B	A	U	T	S	E	N	N	O	D	N	A	B	A	U	T

"Beauty is in the eye of the beholder"
«La beauté est affaire de goût"
(lah boh-tay eh tah-fehr duh goo)

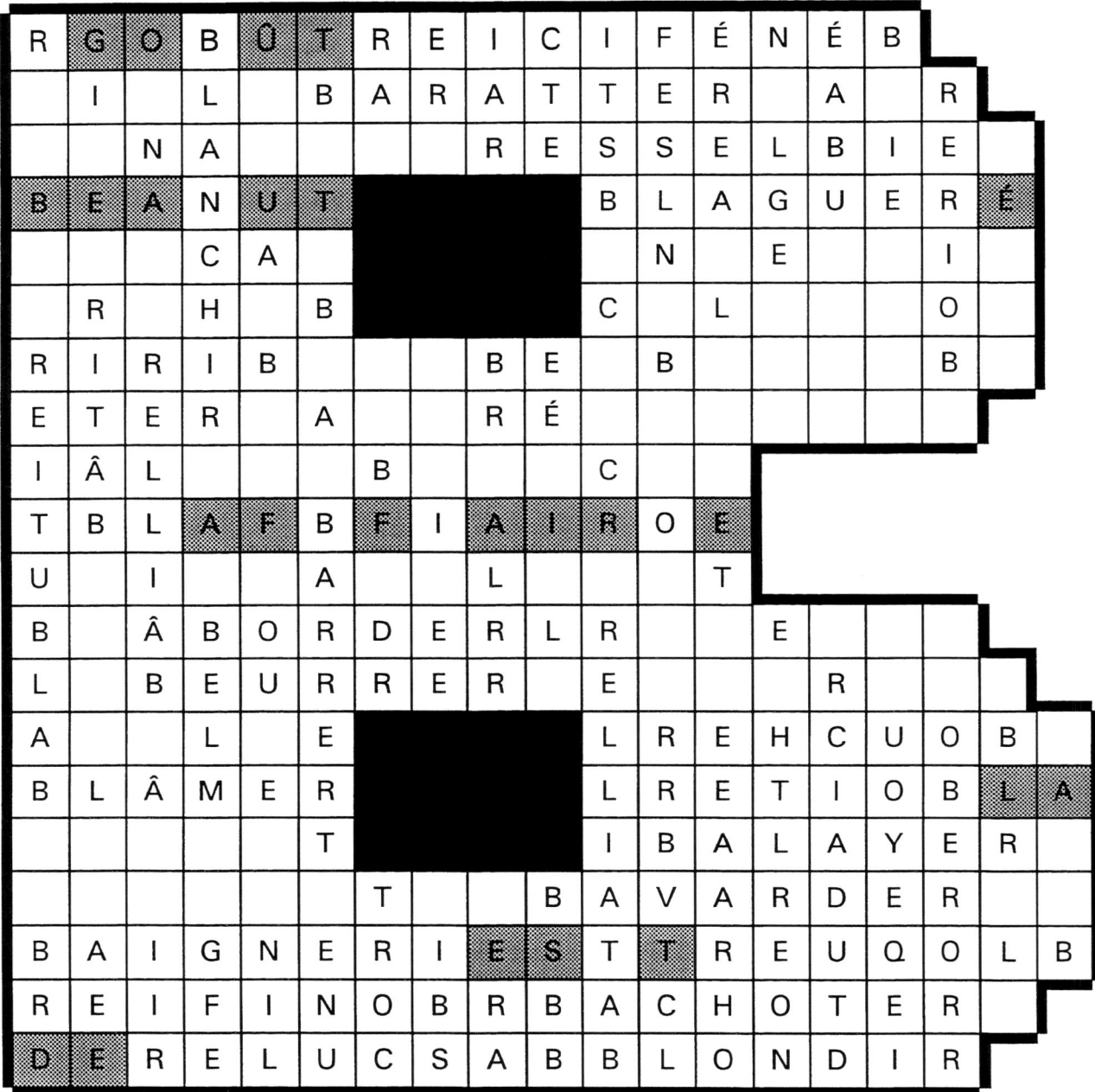

R	G	O	B	Û	T	R	E	I	C	I	F	É	N	É	B			
	I		L		B	A	R	A	T	T	E	R		A		R		
		N	A					R	E	S	S	E	L	B	I	E		
B	E	A	N	U	T					B	L	A	G	U	E	R	É	
			C	A							N		E			I		
	R		H		B					C		L				O		
R	I	R	I	B				B	E		B					B		
E	T	E	R		A			R	É									
I	Â	L				B				C								
T	B	L	A	F	B	F	I	A	I	R	O	E						
U		I			A			L				T						
B		Â	B	O	R	D	E	R	L	R			E					
L		B	E	U	R	R	E	R		E				R				
A			L		E					L	R	E	H	C	U	O	B	
B	L	Â	M	E	R					L	R	E	T	I	O	B	L	A
					T					I	B	A	L	A	Y	E	R	
						T			B	A	V	A	R	D	E	R		
B	A	I	G	N	E	R	I	E	S	T	T	R	E	U	Q	O	L	B
R	E	I	F	I	N	O	B	R	B	A	C	H	O	T	E	R		
D	E	R	E	L	U	C	S	A	B	B	L	O	N	D	I	R		

page 7 The present tense and «Il», «Elle», and «On»				
1. h 2. k 3. o	4. j 5. a 6. l	7. n 8. i 9. g	10. b 11. m 12. f	13. c 14. e 15. d

	O			T	S	E	T	A	R	O	F	S	M	A	R	C	E	H	S
O	N	B	A	V	A	R	D	E	O	N	E	T	O	C	É	B	L	I	T
E	E			S		H	S		N	E	M	Â	L	B	E	L	L	E	I
I	D	E	S	R	E	E	H		E	S	L	O	O	F	E	H	E	L	F
C	R	I	T	E	L	K	E	S	B	T	E						B		E
I	I	T	A	T	U	I	S	K	A	U	S	C				A	Â	S	N
F	N	U	H	T	C	S	W	C	T	T		E	N		L	I	T	D	E
É	K	B	C	U	S	S	E	O	H	T			M	A		L	I	L	B
N	S	L	E	B	A	E	E	R	E	E			N	A	L	B	T	I	E
É		A	N	E	B	S	P	E	S	R		C			L	A		U	H
B		B	O	N	L		S	H		S	E					B	B	B	S
E	O	N	B	O	I	T		O	N	B	E	U	R	R	E	I	E	E	
L		O								E	U	G	A	L	B	L	I	H	H
L	O	N	B	A	I	G	N	E		H	E	B	A	B	B	L	E	S	S
E	T	O	H	C	A	B	E	L	L	E	Y	A	L	A	B	E	L	L	E

The present tense and «Nous»

1. j	3. a	5. h	7. i	9. b	11. k
2. l	4. d	6. e	8. f	10. c	12. g

S	N	O	L	L	I	A	T	A	B	S	U	O	N			H			
N	O	U	S	B	O	I	T	O	N	S			N		D	S			
O	U	T			N	E	T	I	H	W	E	W	O	N		I			
R	S	K	A	S	N	O	S	S	E	L	B	S	U	O	N	N			S
R	B	C	W	E	W	E	C	O	R	K		O	S	S	K	A			N
A	A	O	E		F	E			W		W		B	N	N	B			O
B	N	L	C			E	L			E			O	O	I	E		E	U
S	N	B	H				D	I	W		C		R	V	R	W		L	Q
U	I	E	U					E	M			R	D	U	D			T	O
O	S	W	R						W	P			O	B	E			T	L
N	S	S	N	O	L	L	I	Â	B	S	U	O	N	S	W			A	B
N	O	U	S	B	O	U	C	H	O	N	S		S	U	S			B	S
S	N	O	T	T	A	R	A	B	S	U	O	N		O		O		E	U
	S	W	E	B	O	R	D	E	R					N			U	W	O
S	N	O	S	S	I	H	C	N	A	L	B	S	U	O	N			T	N

"Charity begins at home"
«Charité bien ordonnée commence par soi-même»
(shah-ree-tay byahn ohr-doh-nay koh-mahns pahr swah mehm)

		R	E	S	S	E	C	C	A	R	E	S	S	E	R			
	C	E	R	T	I	F	I	E	R							R		
C	Â	L	I	N	E	R	B	I	E	N	C	A	J	O	L	E	R	
C	C	H	A	R	I	R	E	L	O	I	R	B	M	A	C	H	T	É
C	A	P	I	T	U	L	E	R	S	C	A	S	S	E	R	C	O	I
C	C	O	R	E	V	I	T	P	A	C	M	M	E	N	C	A	E	
R	H			C				C	A	B	O	S	S	E	R	C		
R	E	S	I	L	A	T	I	P	A	C								
E	T	S	M	Ê	M	R	I	C	E									
S	E	C	U			T	A	A										
S	R	A		A	O			M										
A		D		N	C			O	É									
N		R	N					U		L								
E	R	E	M	L	A	C		F	R	E	I	R	A	C				
D	R	R	R	E	L	U	C	L	A	C		S	R					
A	P	C	A	L	I	B	R	E	R	A	R	R	E	T	O	H	A	C
C	H	A	G	R	I	N	E	R	O	R	D	O	D	R	N	N	É	E
C	A	R	A	C	T	É	R	I	S	E	R		É					
	R	E	S	I	R	O	G	É	T	A	C		C					
		R	E	L	L	I	A	C	É	L	É	B	R	E	R			

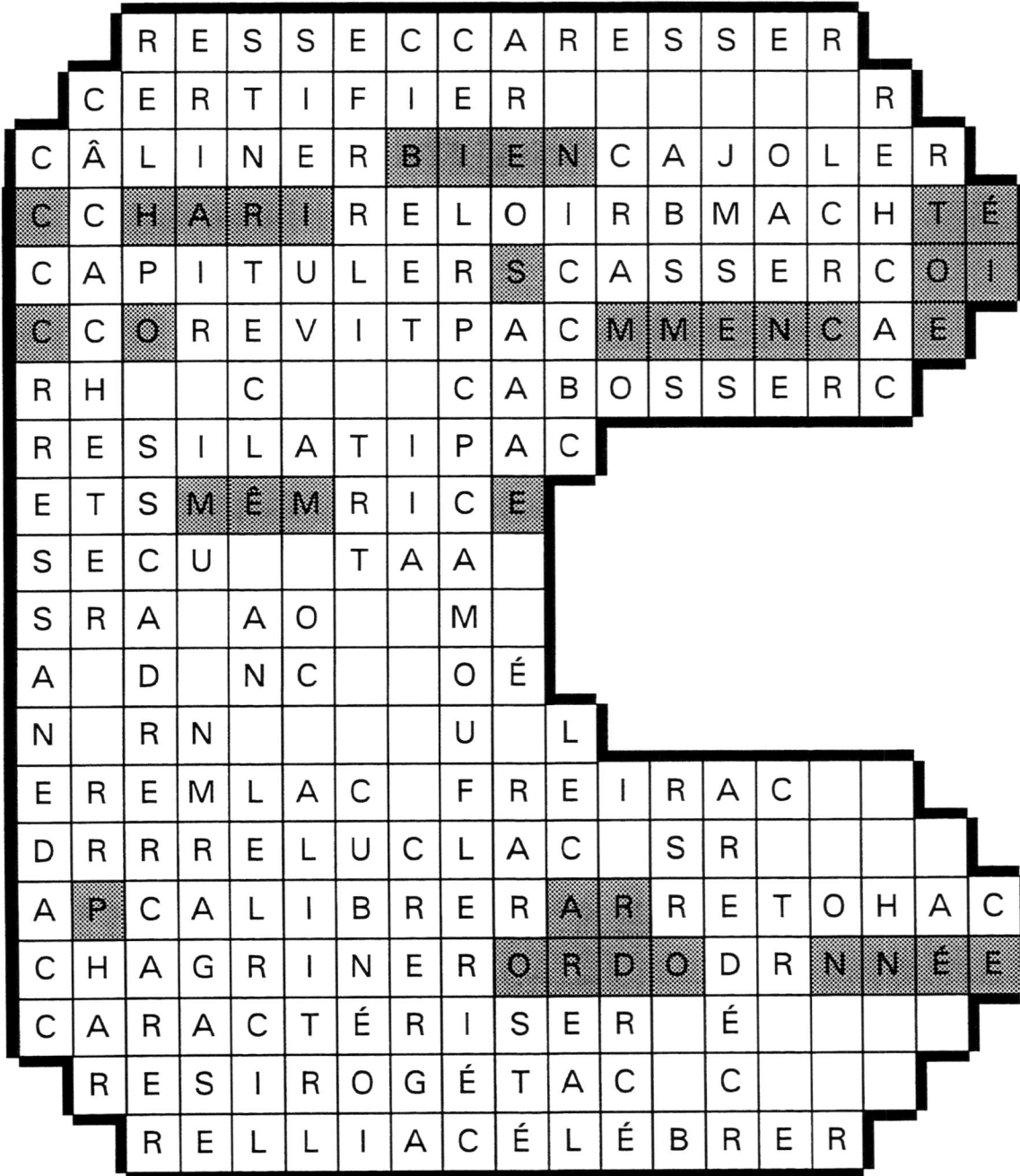

The Present Tense and «Vous»

1. l	3. g	5. f	7. j	9. b	11. a
2. k	4. e	6. c	8. h	10. i	12. d

Z	E	S	S	A	N	E	D	A	C	S	U	O	V		Y	V	Y		V
E	G	A	L	F	U	O	M	A	C	U	O	Y		L		O	O	O	
		V		Y			V	Z	Y				L		U	U	U		V
V			O	O			O	O	E			A		P		S	B		O
O				U			U	Y		R	T		A		C	C	U		U
U				C	S	J	S		O	U	D	D		A	E	A	R	E	S
S		Y		A	O	C	C	Z	O	U	L	A	C		T	M	G	Z	C
C		O		L			A	Y	E	O	H	H	C		A	B	L	I	A
A		U	T	M			M	L	C	S	E	I		S	L	R	E	L	P
P		U	N				O	K	M	Z	S		D		U	I		A	I
I		P	E				U		L	E		O		E	C	O		T	T
T		H	D				F			A	Z		B		L	L	V	I	A
O	V	O	U	S	C	A	L	C	U	L	E	Z		A	A	E		P	L
N		L	O				E					S			C	Z		A	I
N		S	Y				Z						U		U	S		C	S
E		T	V	O	U	S	C	A	H	O	T	E	Z	O	O		U	U	E
Z		E													Y			O	Z
		R		Z	E	T	E	H	C	A	C	S	U	O	V			Y	V

The Present Tense and «Ils» and «Elles»

1. e 2. h	3. c 4. d	5. b 6. g	7. f 8. j	9. l 10. k	11. a 12. i

K			T	N	E	I	F	I	T	R	E	C	S	E	L	L	E	E	
T	A			N		E	L	D	N	O	F	Y	E	H	T		L	Z	
N	N	E	T	H	E	Y	Y	I	E	L	D		S	I		L	L	I	
E		E	R		T	S			I				U	L	E		E	R	
S	L		S	B		H	U		R				A	S		T	S	E	
I		D		S	Y		E	A	A				C	C		N	C	T	
R	T		R		E	E		Y	C			A	Y	A		E	È	C	
É	N	Y		U		R	H		S	S	P		E	C		S	D	A	Y
T	E	A			C		A	T	L	T	L		H	H		S	E	R	F
C	S	C				Y		C	I		O	I	T	E		A	N	A	I
A	S	E					E	V	S			P		N		C	T	H	T
R	E	D					E	H		E				T		S		C	R
A	C	Y				N			T		L					E		Y	E
C	S	E			T	T	N	E	R	B	È	L	É	C	S	L	I	E	C
S	E	H	E	T	A	R	B	E	L	E	C	Y	E	H	T	L		H	Y
L	L	T				E	T	A	N	I	C	S	A	F	Y	E	H	T	E
I	L	S	C	A	I	L	L	E	N	T									H
	E						T	H	E	Y	H	I	D	E					T

"Do right and fear no one"
«Bien faire et laisser dire"
(byahn fehr ay lehs-say deer)

D	É	C	R	O	C	H	E	R	F	A	I	R	E					
				E	R	T	T	A	B	É	D	D		D				
D	É	C	R	I	R	E	L	A	I	S	S	É	E	A	R			
	D		D	É	C	O	U	V	R	I	R	B	D	U	R			
D	É	C	O	N	G	E	L	E	R		E	O	É	B	E	R		
	G		R	R	D	R		O			T	U	C	E	N	I	D	
	U		E	E	É	E			C		A	C	H	R	U	L	É	
	I	R	S	U	G	S				É	D	H	I		E	L	L	
	S	E	N	G	O	I					D	E	R		J	I	I	
D	E	D	A	É	Û	T						R	E	E	É	A	B	T
É	R	N	D	L	T	P							R		D	F	É	
B		A		É	E	A										É	R	R
A	D	B	R	D	R	B								R		D	E	
R	É	É		E		É		R						E		N	R	
Q	F	D			R	D	R	E	N	I	L	C	É	D	G			
U	E	R	E	S	S	A	R	R	A	B	É	D	B	I	I	E	N	
E	N						L	O					A	C				
R	D		D	É	B	O	U	C	L	E	R	D		É				
	R	E	T	U	B	É	D	É	É		É			D				
R	E	R	V	I	L	É	D	D	D	D	I	R	E					

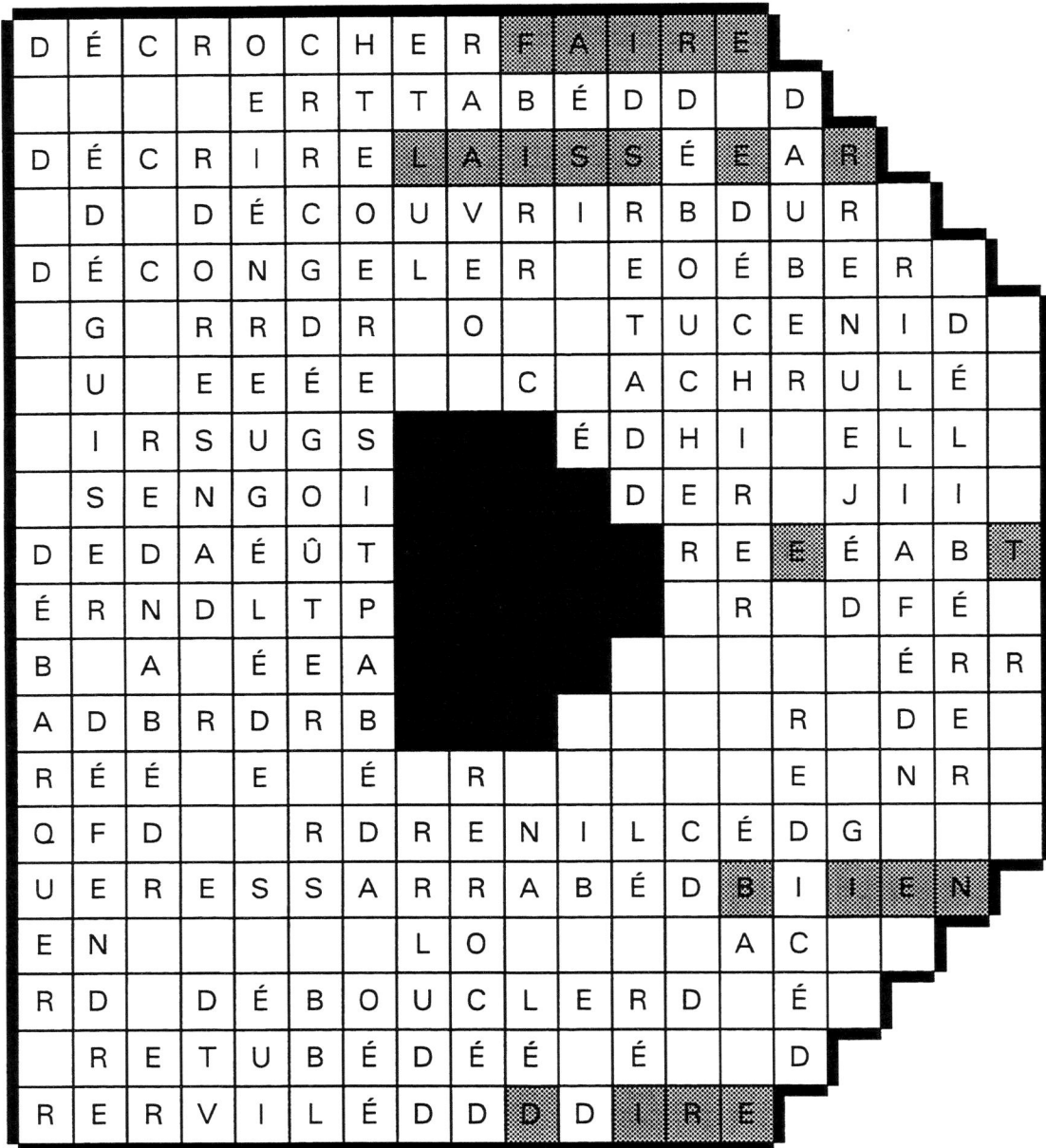

page 15 — The Future Tense

1. l 2. d 3. b	4. n 5. j 6.o	7. k 8. a 9. f	10. e 11. m 12. g	13. c 14. h 15. i

D	É	C	O	R	E	R	A	S								S	T		
		I	D			Z	E	R	E	S	I	U	G	É	D	N		I	
		A		É							S	D			O	O	A		
		R			C					A		S	É	R	Z	R			D
A		E				O			R		N		D	C	E	E	T		A
R		R					U	E		O		N		S	R	D	N		N
E		O					R	V	R		E		S		E	I	O		S
R		L				A		E	R	F		A			U	C	R		E
V		O			L		N		É	I	R				Q	É	T	A	R
I		C		C		U		D		R	R				R	D	T		A
L		É	É		E				A			A			A		A		I
É		D		J				B							B		B		
D			É				É			A	R	E	U	G	É	L	É	D	
		D				D									D		D		

page 16 — The Conversational Future - "going to"

1. m 2. h 3. g 4. b	5. n 6. r 7. t 8. e	9. s 10. q 11. a 12. p	13. k 14. o 15. i 16. d	17. f 18. l 19. j 20. c

page 18 "Every individual is the architect of his or her own fate"
«Chacun est l'artisan de son sort»
(shah-kuhn eh lahr-tee-zahn duh sohn sohr)

E	M	B	R	A	S	S	E	R	**S**	**O**	**N**	R	E	L	L	I	A	M	É
S	R	**O**	**R**	**T**	É	L	A	R	G	I	R	I	C	R	I	A	L	C	É
	R	E	U	Q	U	D	É		E	F	F	E	C	T	U	E	R		
C	**H**	**A**	S	**C**	R	E	T	Ê	B	M	E	É	B	A	H	I	R	**U**	**N**
É	G	A	L	I	S	E	R												
	D				M	E													
É	D	I	T	E	R	O													
C			F	O			N												
R			L	I	R			O	R	E	V	E	L	É					
É	E	C			E				C										
M	É	S			R	R				É	L	I	R	E					
E		R	P		I	É	M	A	N	C	I	P	E	R					
R	**E**	E	R	I	A	**S**	**T**												
	E	F	E		L														
	F	F	R	R	C	C													
	F	U	O	E	É		É												
L	A	A	B	D	**A**	**R**	**T**	**I**	**S**	**A**	É	C	H	A	N	G	E	R	**N**
	C	H	A	U		É	C	R	I	R	E	R	E	N	I	M	I	L	É
	E	C	L	L		R	E	S	A	R	C	É	É	C	O	U	T	E	R
D	R	É	É	É	C	L	A	T	E	R	**E**	R	E	L	L	I	A	C	É

 Le Passé Composé - Past Tense

1. m	4. a	7. h	10. j	13. k
2. i	5. e	8. d	11. g	14. n
3. l	6. o	9. b	12. c	15. f

É	S	S	A	R	B	M	E	Z	E	V	A	S	U	O	V			V	
N	I	É	S	I	M	O	N	O	C	É	S	N	O	V	A	S	U	O	N
I		F													É			U	
M	J	A	I	É	M	A	N	C	I	P	É	T		T	J			S	
I		A		D							I		I		A	É		A	
L	L		I		É					R		D			I	D		V	É
É		A		E		S			C		É				É	U		E	G
T			É		F		N	É		S					L	L		Z	N
N				C		F	S	O	A						A	É		É	A
O					O	A	A	U	V						B	T		C	H
S					U	U	T	C		A					O	N		R	C
E				T			T		É		S				R	O		A	É
L			E	L	L	E	A	É	C	H	A	U	F	F	É	S		S	A
L													O			L		É	L
E	T	U	A	S	É	L	E	V	É					N		I			I

écrémer
éclore
écraser
émanciper
échanger
effectuer
embrasser
écrire
élever
éclairer
égaliser
embêter
écailler
effacer
élargir
échauffer
édifier
éluder
éclater
élaborer

"Faith will move mountains"
«La foi transporte les montagnes»
(lah fwah trahns-pohrt lay mohn-tah-nyuh)

L	F	I	N	A	N	C	E	R	E	S	F	A	V	O	R	I	S	E	R
F	É	L	I	C	I	T	E	R	I	N	I	F	R	I	L	B	I	A	F
R	L	L	F	L	E	U	R	I	R	R	E	R	U	T	C	A	R	F	A
E	F	O	T	R	Q	A	N	S	P	O	R	T	E	F	O	N	C	E	R
R		O	R	I	F	I	X	E	R	E	N	N	O	R	A	F	N	A	F
T			R	I			R												
L		B		M	R	I	R												
I	A			I	A		E												
F	F	F		F	A	L	S	I	F	I	E	R							
F	L	E	R	E	U	G	I	T	A	F	E	R	M	E	R				
M	E	U	O	F	R	R	R	S	N	T	A	G	N	E	S				
R	U	I		O	E	I	A	R	E	L	U	M	R	O	F				
E	R	L	R	R	C	C	I	F	A	R	I	N	E	R					
T	E	L	E	T	R	R	L												
I	R	E	M	I	O	A	I												
L		T	R	F	F	F	M												
I		E	O	I			A												
C	F	R	F	E	O	I	F												
A	R	I	N	R	U	O	F												
F	A	C	T	U	R	E	R												

page 23 L’imparfait - The Imperfect

1. l 2. d 3. g	4. b 5. j 6. o	7. n 8. a 9. k	10. h 11. m 12. e	13. f 14. i 15. c

E	L	L	E	S	F	O	R	M	U	L	A	I	E	N	T		T		T
	I		L				T									J	U		N
S	L		L			S		U				Z			E		F		E
I	F		E	S			I		F		E			F			O		I
A	É		F	I				A		I			A				R		A
U	L		O	A					S		X	I					T		I
Q	I		R	R				S		S	S	A					I		F
I	C		Ç	T			I			A	I		I				F		I
R	I		A	L		N			I			N		S			I		S
B	T		I	I	I			S					R				A		L
A	A		T	F	S	N	O	I	M	R	E	F	S	U	O	N	I		A
F	I		S	U											O		S		F
E	T	U		T			T	I	A	S	I	R	O	V	A	F	L	I	S
J	O				V	O	U	S	F	O	R	M	I	E	Z		E		L
V		S	N	O	I	S	S	I	L	B	I	A	F	S	U	O	N	J	I

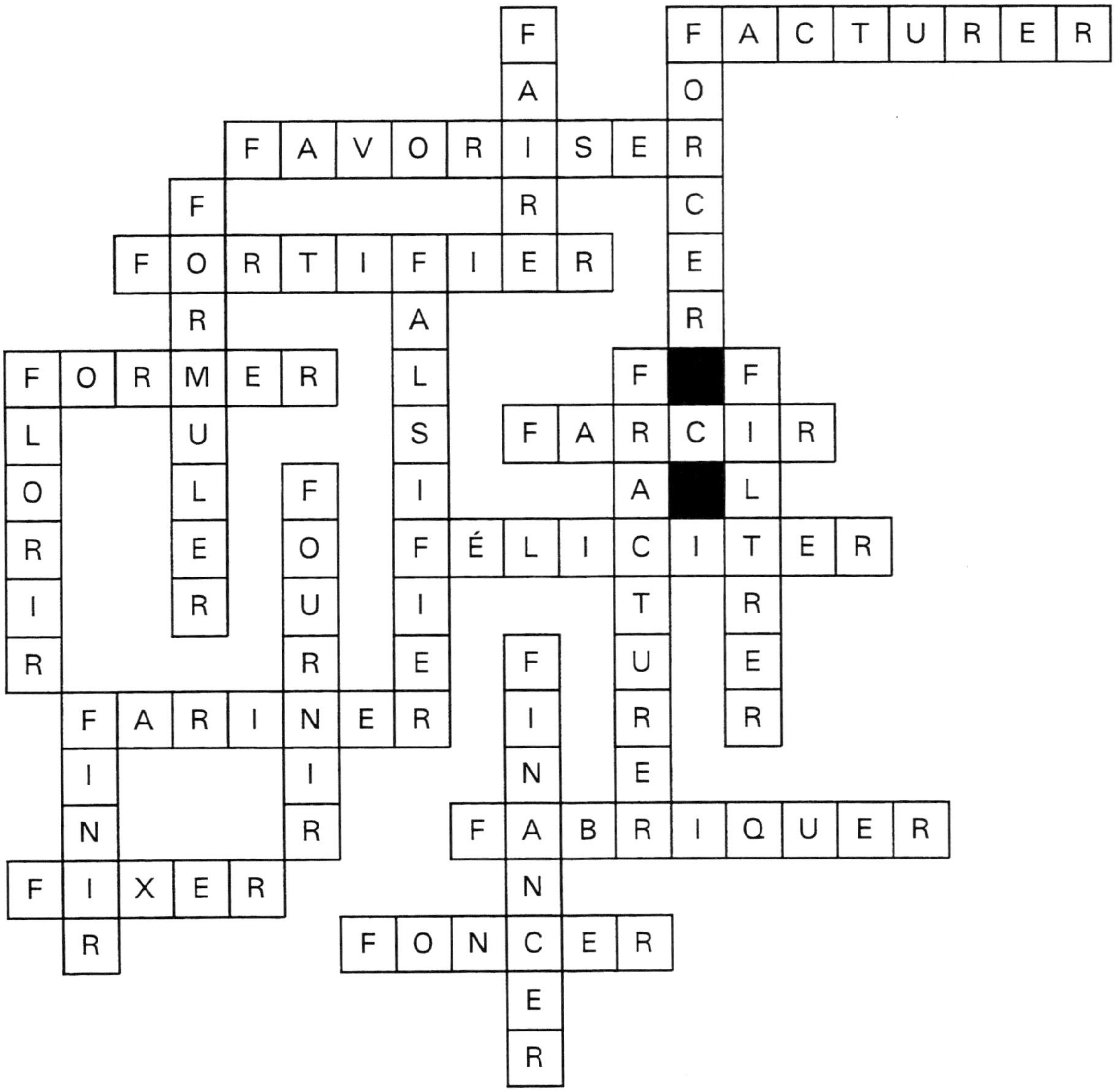
FACTURER
FAVORISER
FORTIFIER
FORMER
FARCIR
FÉLICITER
FARINER
FABRIQUER
FIXER
FONCER
FAIRE
FORCER
FORMULER
FALSIFIER
FLORIR
FOURNIR
FINIR
FINANCER
FRACTURER
FILTRER

"Great Minds Think Alike"

«Les grands esprits se rencontrent»

(lay grahn dehs-pree suh rahn-kohn-truh)

				R	E	N	C	O	N	T	R	G	E	N	T	G			
			G	A	R	A	N	T	I	R	A				R	Â			
		E	R	E	L	L	I	R	G	L	S	P	R	I	I	T	T	S	
	G	R	I	D	N	A	R	G	V						N	E			
G		L	E			G	R	A	D	U	E	R			R	R			
R	A	R	I	R			N		R	E	I	F	I	T	A	R	G		
E		R	E	S	A	I									G				
N	L	E	D	N	S	G	S												
R	G	G	R	E	G	E													
E	O	O	R	E	R	A	R									R		G	
V	Û	N	G		S	I	G								G	E	L	E	R
U	T	F		L	M	I										L		R	
O	E	L		É	A		L									L	G	M	
G	R	E	G			C		A								I	A	E	
S	G	R	A	V	I	R	E	G	R					E	G	P	L	R	
G	G	R	A	I	S	S	E	R	A	É	R	A	N	D	O	S	O	S	
				R	E	T	T	A	R	G	N				M	A	P		
		R	E	I	F	I	R	O	L	G	E	É			M	G	E		
				G	R	A	V	E	R			R	G		E		R		
				G	R	A	N	U	L	E	R				R				

____

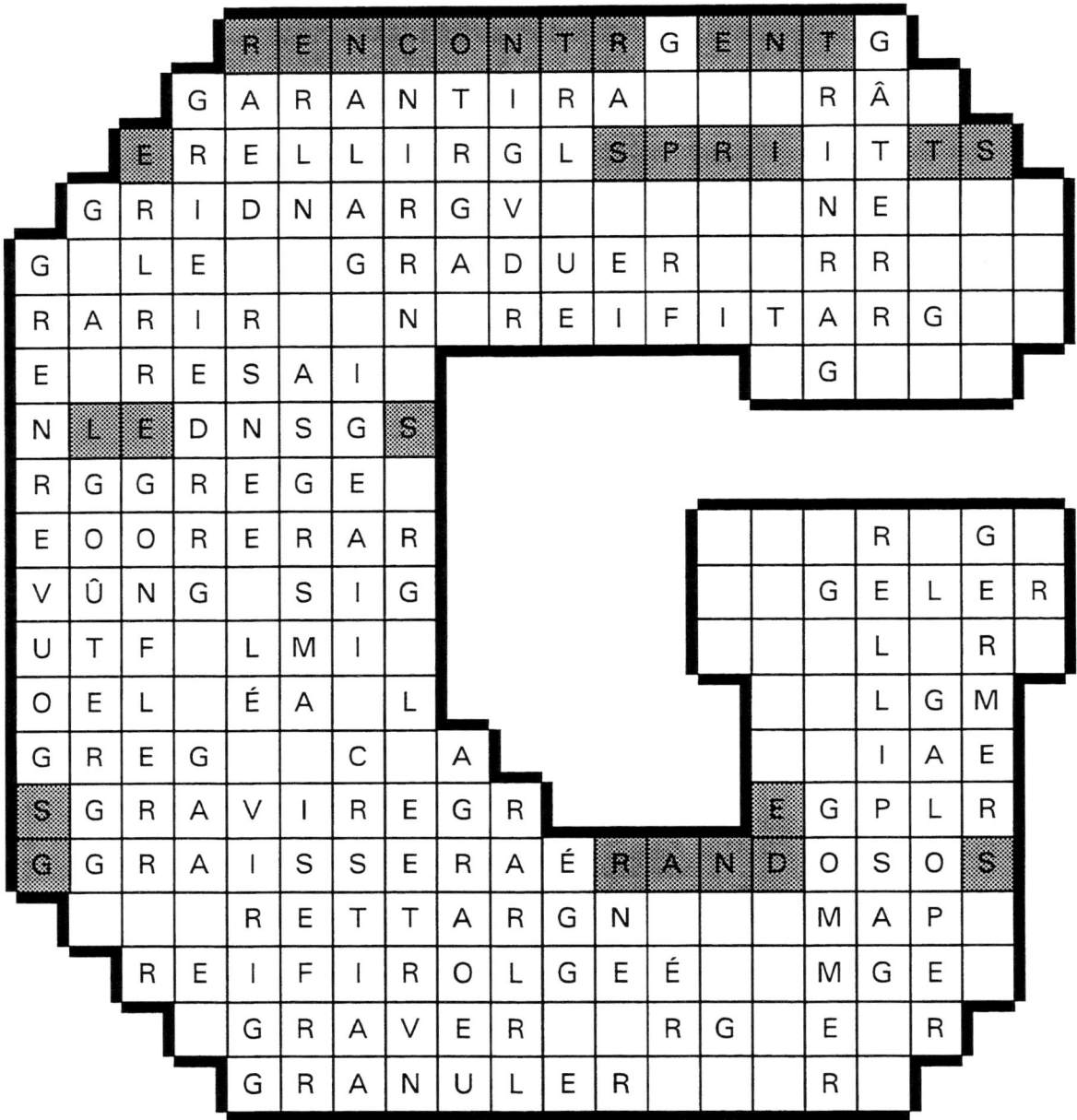

page 27 Le Conditionnel - The Conditional Tense

1. o 2. f 3. a	4. c 5. l 6. m	7. i 8. n 9. b	10. g 11. h 12. d	13. j 14. e 15. k

	S	I	L	G	Â	T	E	R	A	I	T			V			I	J	T
T	T	N	N	O	U	S	G	A	R	E	R	I	O	N	S		L	E	U
I	U		O	S	I	A	R	E	G	A	G	U	T			S	G	G	G
A	G	Z	E	I	R	E	M	M	O	G	S	U	O	V	I		A	O	A
R	L				R					G				A			G	Û	S
E	I		E	L	L	E	S	G	R	A	V	E	R	A	I	E	N	T	P
T	S						L	A				I					E	E	I
T	S						N	È			V						R	R	L
A	E					D			G	A							A	A	L
R	R				I				R	S							I	I	E
G	A			R				G			U						T	S	R
E	I		I				E					O							A
L	S	E				J							N						I
L	Z		T	N	E	I	A	R	I	T	N	A	R	A	G	S	L	I	S
E				J	E	G	A	R	D	E	R	A	I	S					

Crossword

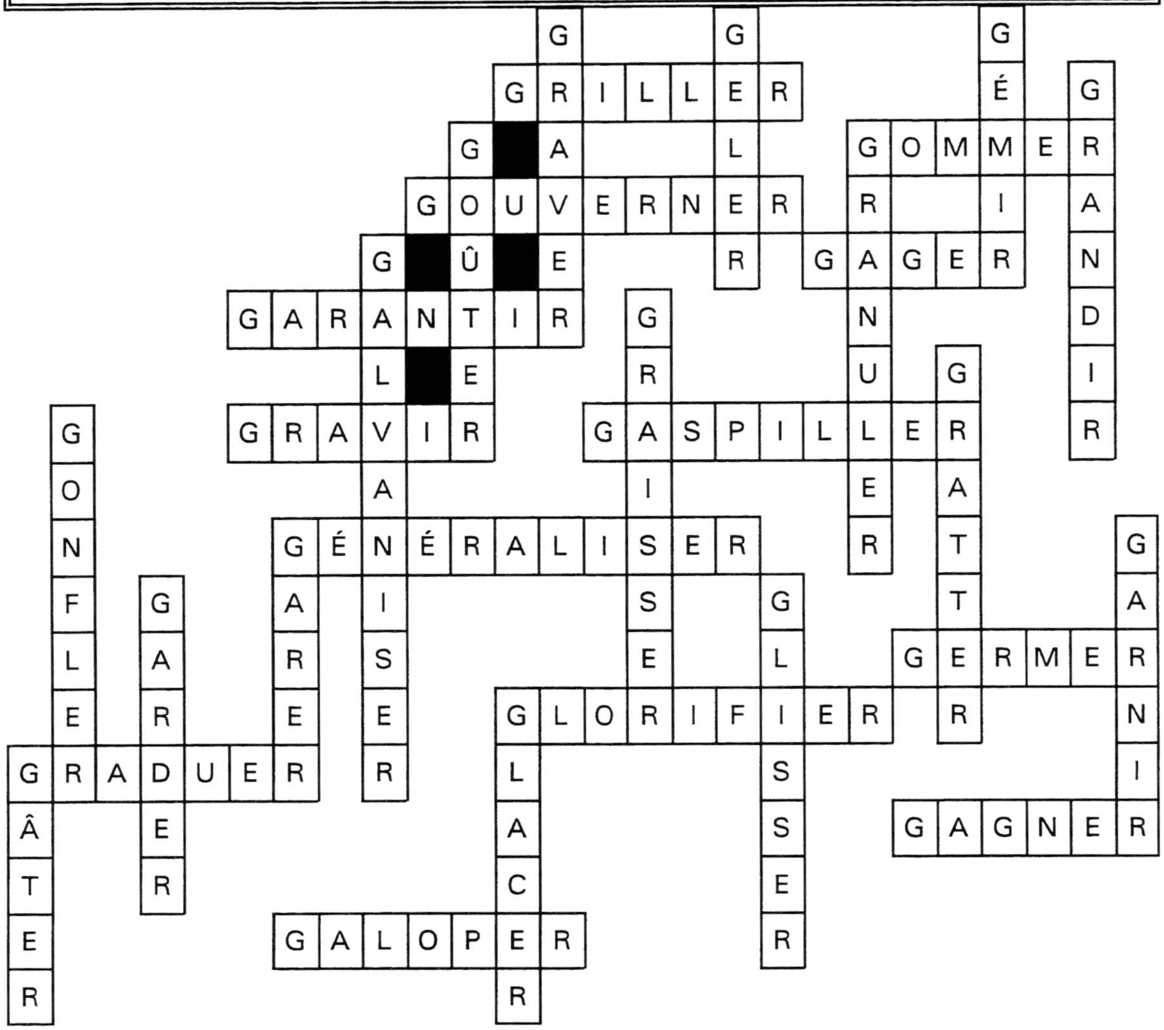
GRILLER
GOMMER
GOUVERNER
GAGER
GARANTIR
GRAVIR
GASPILLER
GÉNÉRALISER
GERMER
GLORIFIER
GRADUER
GAGNER
GALOPER
GRAVER
GELER
GÉMIR
GRANDIR
GRANULER
GOÛTER
GALVANISER
GRAISSER
GRATTER
GARNIR
GONFLER
GARDER
GARER
GLISSER
GÂTER
GLACER

"Half a loaf is better than none"
«Faute de grives on mange des merles»
(foht duh greev ohn mahnzh day mehrl)

R	E	T	I	S	É	H							H	A	B	I	T	E	R
E	R					U							O	A				E	H
T	M	E	A	N	R	I							S	G	N	E	U	R	A
A	R		N	E		L							P	H		T		E	L
R	D	E	L	R	E	E							I	É	I	R	E	D	L
D	D	R	I	E	E	R							T	B	S	E	R	R	U
Y	U			L		V							A	E		H	E	A	C
H	U	M	I	D	I	F	I	E	R	H	O	H	L	R	N	C	R	S	I
G	H	Â	L	E	R	M	R	H	I	V	U	E	I	G	S	A	O	A	N
				H	E		U		R		H	M	S	E		H	N	H	E
	R			Y	I	R		H		E		A	E	R	R		O		R
	E		H	P	F	E					U		R	C		Ï	H		R
H	U	M	A	N	I	S	E	R	F	A	U	Q	H	A	T	T	A	E	E
A	G		U	O	R	I							É		S	E		H	T
B	N		S	T	R	N							R	H		S	R		E
I	A		S	I	O	O							I		T		E		L
L	R		E	S	H	M							T			O		R	A
L	A	M	R	E	E	R							E	R	L	E	P	S	H
E	H			R		A							R				D	Y	
R						H													H

Le Plus-que-parfait - The Pluperfect

1. i 2. b	3. f 4. e	5. a 6. c	7. j 8. g	9. d 10. h

				I	L	S	A	V	A	I	E	N	T	H	É	R	I	T	É
																	L	J	
N	O	U	S	A	V	I	O	N	S	H	O	N	O	R	É		A		
É																V	V		
H							É	T	I	B	A	H	S	I	A	V	A	U	T
C														I			I		
A		J	A	V	A	I	S	H	U	I	L	É	S				T		
H												H					H		
T	É	T	I	S	É	H	Z	E	I	V	A	S	U	O	V		O		
I										B							R		
A	E	L	L	E	S	A	V	A	I	E	N	T	H	A	S	A	R	D	É
V								L									I		
A							L										F		
L						É											I		
I		J	A	V	A	I	S	H	Y	P	O	T	H	É	Q	U	É		

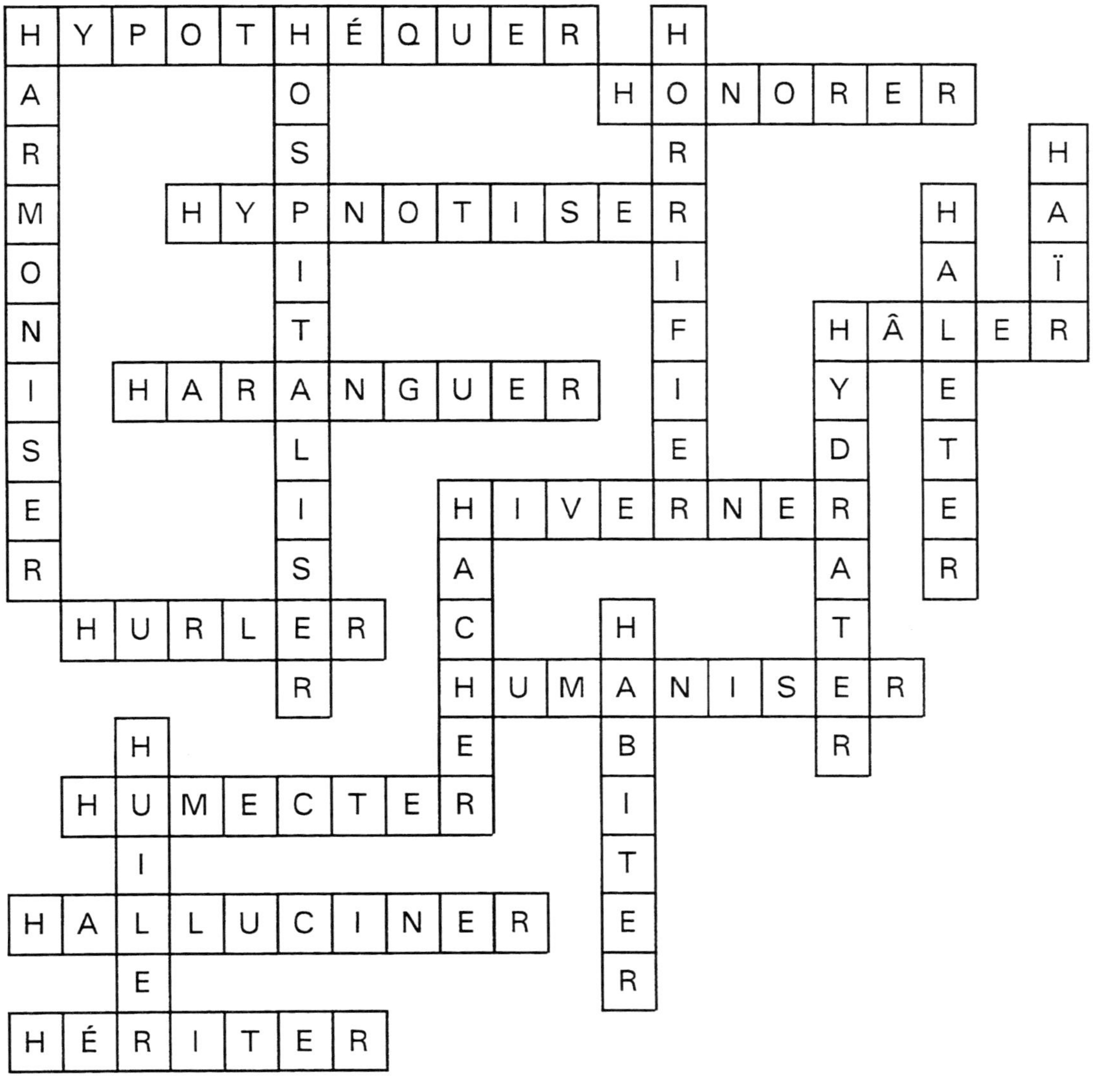
HYPOTHÉQUER
HONORER
HYPNOTISER
HÂLER
HARANGUER
HIVERNER
HURLER
HUMANISER
HUMECTER
HALLUCINER
HÉRITER
HARMONISER
HOSPITALISER
HORRIFIER
HAÏR
HALETER
HYDRATER
HACHER
HABITER
HUILER

"Ill-gotten gains seldom prosper"
«Bien mal acquis ne profite jamais»
(byahn mahl ah-kee nuh proh-feet zhah-meh)

R	E	S	I	L	I	B	A	É	M	R	E	P	M	I	B	I	E	N	I
I	D	E	N	T	I	F	I	E	R	E	P	R	I	O	F	I	T	E	M
I	M	M	U	N	I	S	E	R		L	R	E	N	I	M	U	L	L	I
		I	M	P	R	I	M	E	R	U	I	N	C	I	T	E	R		T
			R	E	R	O	P	R	O	C	N	I	A						E
R	E	N	I	G	A	M	I	T	J	I	C	D	R	A	M	A	I	S	R
I	M	M	O	B	I	L	I	S	E	R	L	O	C	A	C	Q	U	I	S
							M	U		T	I	L	É						
							P	L		A	N	Â	R						
							O	L	I	M	E	T	E						
							R	I		M	R	R	R						
							T			I	P	E							
							U					R							
I	L	L	U	S	I	O	N	N	E	R	E	R	O	L	P	M	I	N	E
		R	E	I	D	N	E	C	N	I				V					
	I	N	A	U	G	U	R	E	R	I	D	É	A	L	I	S	E	R	
R	E	N	R	A	C	N	I		I	N	C	L	U	R	E	S			
I	G	N	O	R	E	R	E	R	G	I	M	M	I				E		
	R	E	B	I	B	M	I				I	M	P	O	R	T	E	R	
I	M	P	L	I	Q	U	E	R	M	A	L	R	E	G	R	E	M	M	I

page 35 Le Futur Antérieur - The Future Perfect

1. m	4. c	7. i	10. j	13. b
2. k	5. g	8. n	11. o	14. a
3. e	6. h	9. d	12. l	15. f

É	N	O	U	S	A	U	R	O	N	S	I	L	L	U	M	I	N	É	I
I				É	R	O	N	G	I	Z	E	R	U	A	S	U	O	V	L
F	I	L	A	U	R	A	I	M	P	R	I	M	É						A
I						É	T	I	M	I	S	A	R	U	A	U	T		U
T	U	A	U	R	A	S	I	M	P	L	I	Q	U	É					R
N																			A
E	É	R	T	S	U	L	L	I	T	N	O	R	U	A	S	L	I		I
D					J	A	U	R	A	I	I	N	C	L	U	S			N
I			É	S	I	N	U	M	M	I	S	A	R	U	A	U	T		C
I																			O
A	É	T	R	O	P	M	I	S	N	O	R	U	A	S	U	O	N		R
R						É	R	G	I	M	M	I	I	A	R	U	A	J	P
U	E	L	L	E	A	U	R	A	I	M	P	R	O	V	I	S	É		O
A				É	B	I	B	M	I	Z	E	R	U	A	S	U	O	V	R
J	É	N	I	G	A	M	I	T	N	O	R	U	A	S	E	L	L	E	É

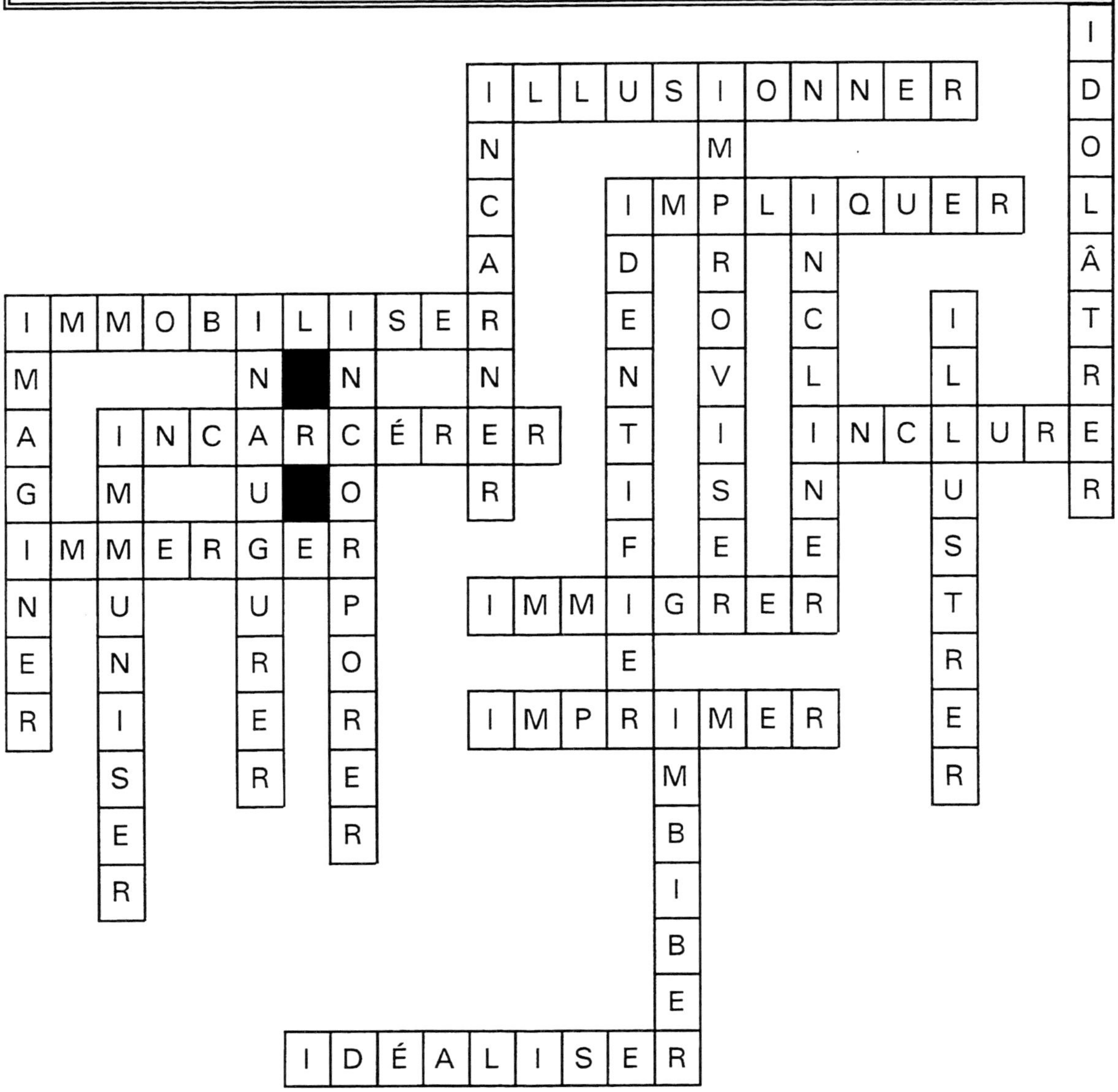
ILLUSIONNER
IDOLÂTRER
INCARNER
IMPROVISER
IMPLIQUER
IDENTIFIER
INCLINER
ILLUSTRER
IMMOBILISER
IMAGINER
INAUGURER
INCORPORER
INCARCÉRER
INCLURE
IMMUNISER
IMMERGER
IMMIGRER
IMPRIMER
IMBIBER
IDÉALISER

page 38

"The jig is up!"
«Tout est dans le lac»
(too eh dahn luh lahk)

"Keep this under your hat!"
«Gardez ça pour vous!»
(gahr-day sah poohr voo)

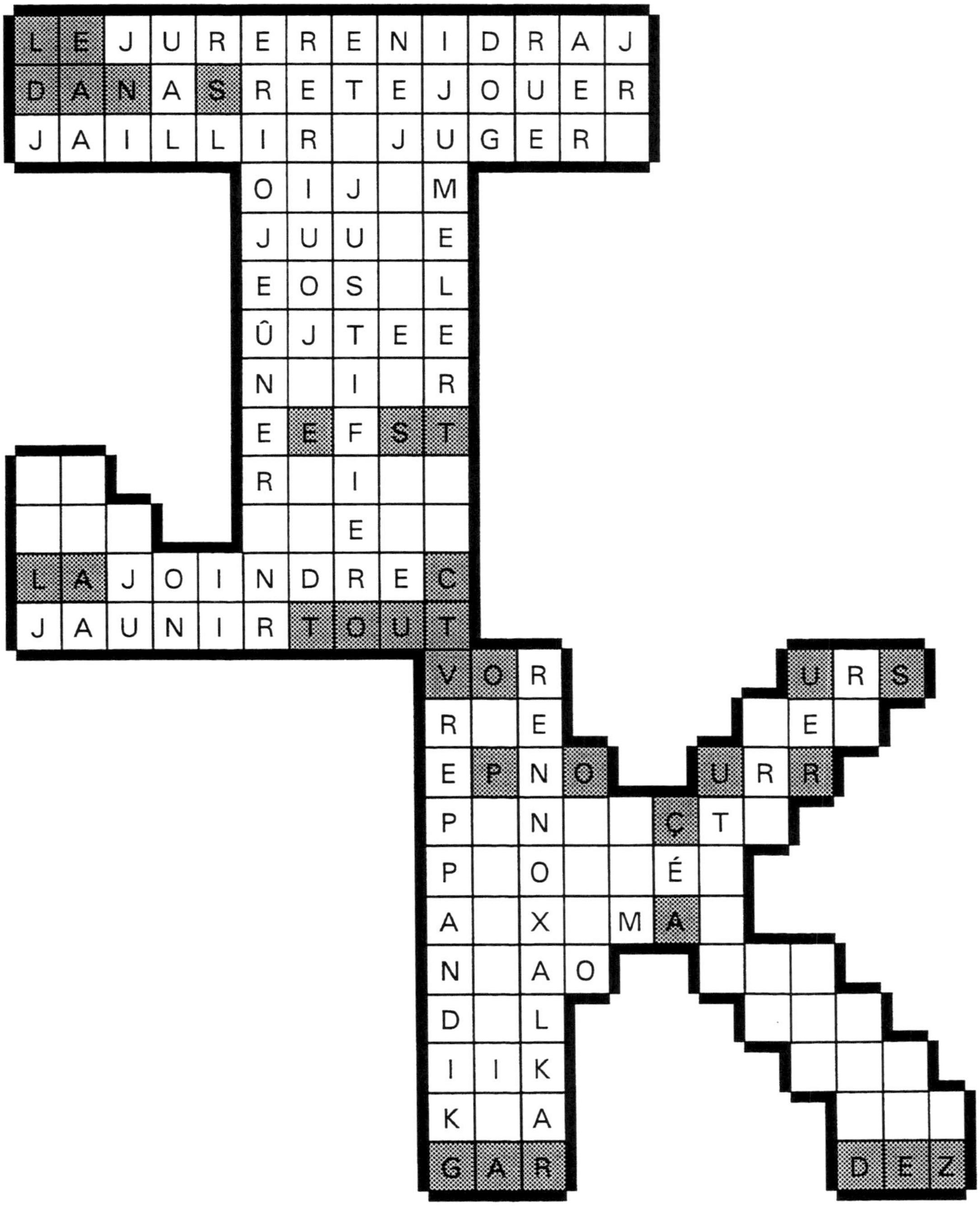

page 39 Le Conditionnel Passé - The Conditional Perfect

1. e	2. c	3. b	4. i	5. f	6. a	7. d	8. h	9. j	10. g

I	É	I	F	I	T	S	U	J	T	N	E	I	A	R	U	A	S	L	I
L	N	N																	
S	N		I		E	L	L	E	A	U	R	A	I	T	J	E	Û	N	É
A	O			D															R
U	X				R														U
R	A					A													J
A	L			É	G	U	J	S	N	O	I	R	U	A	S	U	O	N	S
I	K							S											I
E	S								I										A
N	I									A									R
T	A				V	O	U	S	A	U	R	I	E	Z	J	O	U	É	U
J	R	I	U	O	J	S	I	A	R	U	A	U	T						A
E	U												A						J
T	A	É	P	P	A	N	D	I	K	Z	E	I	R	U	A	S	U	O	V
É	J														T				

page 40 Crossword

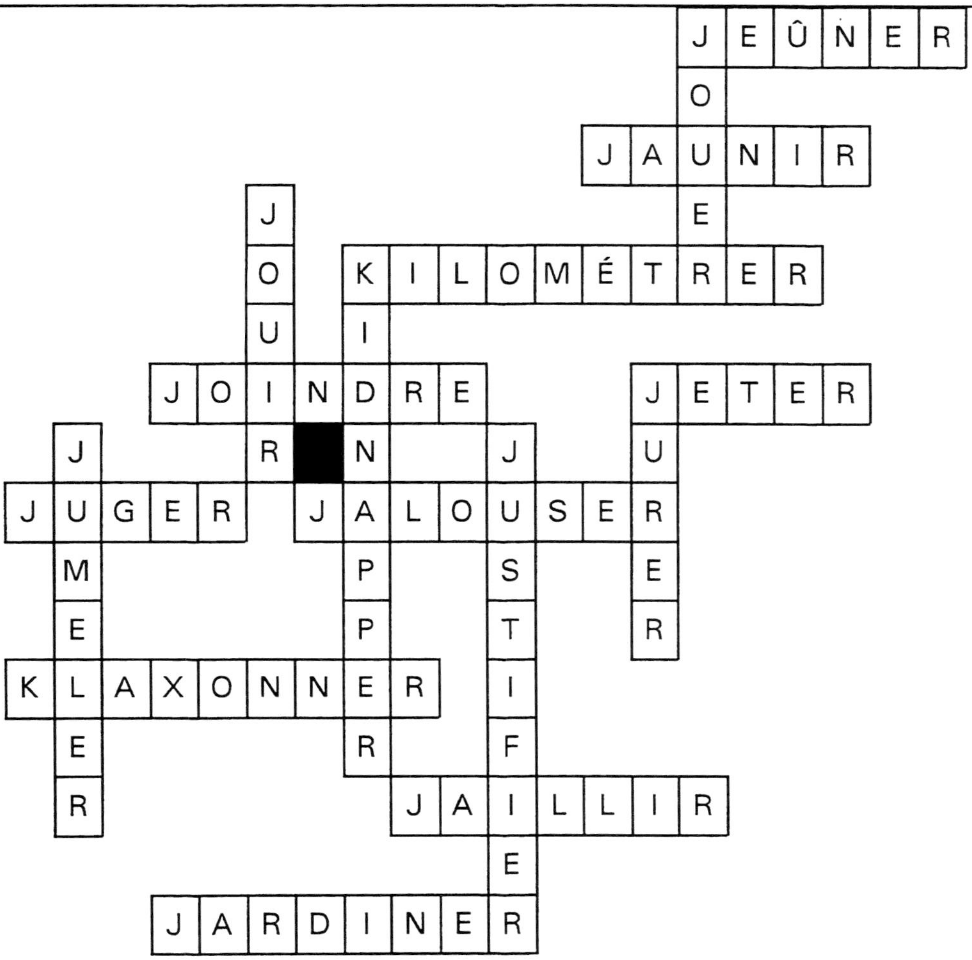

JEÛNER
JOUER
JAUNIR
JOUIR
KILOMÉTRER
KIDNAPPER
JOINDRE
JETER
JUMELER
JUGER
JALOUSER
JUSTIFIER
JURER
KLAXONNER
JAILLIR
JARDINER

"Love is blind"
«L'amour est aveugle»
(lah-moohr eh tah-vuh-gluh)

R	R	E	H	C	Â	L													
E	R	E	R	É	C	A	L												
S	L	I	S	S	E	R	A												
S	L	A				M	B												
I		O	C			O	O												
A			G	E		Y	U												
L	I	V	R	E	R	E	R												
É	R			L	R	R	E												
G		E	I				R												
U	L	E	U	R	R	E	R												
E	R			O	T														
R	E	E	L	T	L	S	T												
R	I	L	U	U		I													
E	F	L	A		S	R	R												
V	É	A	V	S	E	T	E	E	U	G	L	A	M	I	N	E	R	L	E
I	U			C	S		R		L	R	E	D	R	A	Z	É	L		L
S	Q		N			E		E	L	U	B	R	I	F	I	E	R	A	
S	I	A	L	I	B	É	R	E	R		X				V		V		
E	L	L	I	Q	U	I	D	E	R			E		E		E			
L	L	L	I	M	I	T	E	R	L	I	M	E	R	A	R	M	O	U	R

page 43 Le Présent du Subjonctif - The Present Subjunctive

1. g 2. o 3. n	4. j 5. d 6. f	7. e 8. c 9. k	10. a 11. l 12. i	13. b 14. h 15. m

S	Z							E	E	V	I	S	S	E	L	L	I		N
	E		N						L				T			E		O	
	I	V		O						L		N			R		U		
V	U		A		U						E			È		S			S
	O			L		S				D		S	C		L			S	N
J	L	U			U		L		R	J		A	L	E		E		E	O
E	S		S			T		A	E		L		U	I		L		C	I
L	U			L			Z	L	I	L		R			S	L		A	T
A	O				A	É	I		I	S	R					E		L	T
B	V				L	M				I	S					L	N	U	U
O				S	I		I		O			I				Â		T	L
U			E	T				N					O			C			S
R		L	E				S		I					N		H			U
E	L	V	O	U	S	L	E	V	I	E	Z				S	E			O
E											Z								N

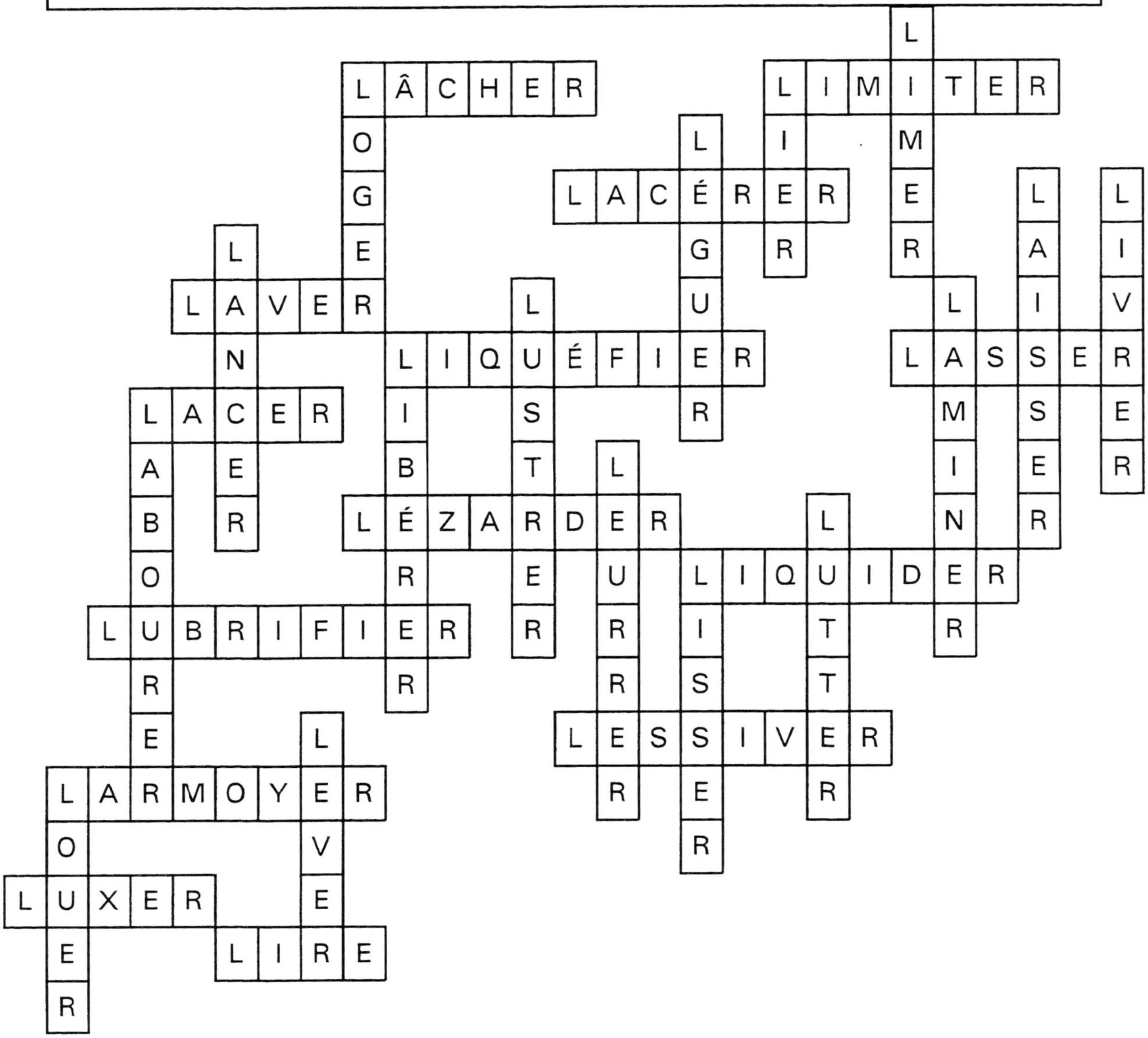
LÂCHER
LOGER
LIMITER
LIMER
LIER
LÉGUER
LACÉRER
LAISSER
LIVRER
LANCER
LAVER
LUSTRER
LIQUÉFIER
LASSER
LAMINER
LACER
LIBÉRER
LABOURER
LÉZARDER
LEURRER
LUTTER
LIQUIDER
LUBRIFIER
LISSER
LESSIVER
LEVER
LARMOYER
LOUER
LUXER
LIRE

"Mum's the word!"
«Motus et Bouche Cousue»
(moh-toohz ay boosh koo-zoo)

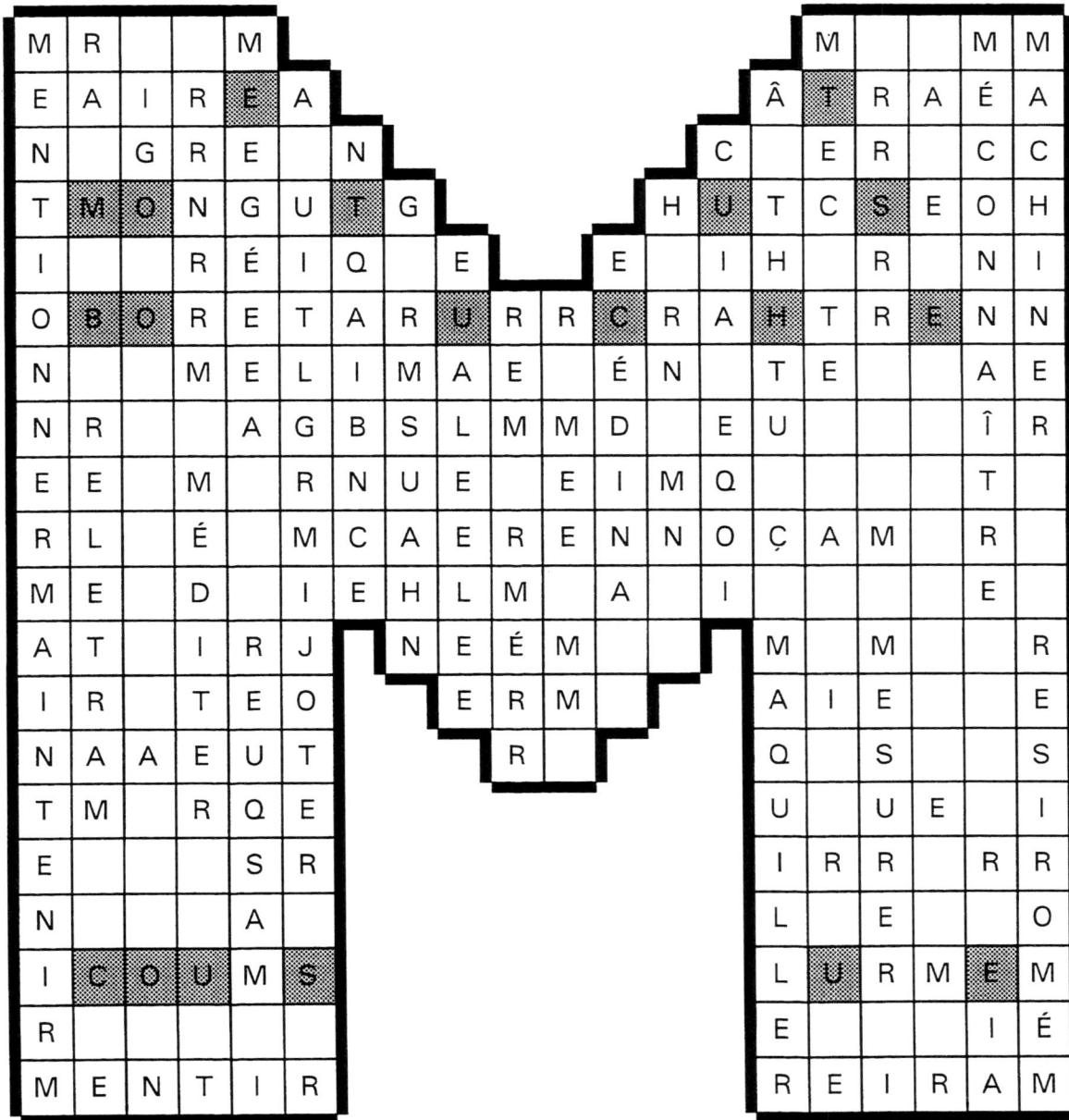

M	R			M											M			M	M
E	A	I	R	**E**	A									Â	**T**	R	A	É	A
N		G	R	E		N							C		E	R		C	C
T	**M**	**O**	N	G	U	**T**	G					H	**U**	T	C	**S**	E	O	H
I			R	É	I	Q		E			E		I	H		R		N	I
O	**B**	**O**	R	E	T	A	R	**U**	R	R	**C**	R	A	**H**	T	R	**E**	N	N
N			M	E	L	I	M	A	E		É	N		T	E			A	E
N	R			A	G	B	S	L	M	M	D		E	U				Î	R
E	E		M		R	N	U	E		E	I	M	Q					T	
R	L		É		M	C	A	E	R	E	N	N	O	Ç	A	M		R	
M	E		D		I	E	H	L	M		A		I					E	
A	T		I	R	J		N	E	É	M				M		M			R
I	R		T	E	O			E	R	M				A	I	E			E
N	A	A	E	U	T				R					Q		S			S
T	M		R	Q	E									U		U	E		I
E				S	R									I	R	R		R	R
N				A										L		E			O
I	**C**	**O**	**U**	M	**S**									L	**U**	R	M	**E**	M
R														E				I	É
M	E	N	T	I	R									R	E	I	R	A	M

Le passé du subjonctif - page 47				
1. e 2. l 3. n	4. b 5. i 6. a	7. k 8. h 9. c	10. d 11. g 12. m	13. j 14. o 15. f

					V	I	L	A	I	T	M	A	Ç	O	N	N	É		T
É	E					O								O			I		U
R	L					E	U						U				L		A
U	L						L	S				S					A		I
S	E							L	A		A						I		E
E	S	É	T	I	D	É	M	Z	E	Y	A	S	U	O	V		T		S
M	A								O	A	E						M		M
T	I	J	A	I	E	M	E	N	T	I	I	Z					E		A
N	E				I	L	S	A	I	E	N	T	M	A	R	Q	U	É	C
E	N					M							M	A			B		H
I	T			J	A	I	E	M	Â	C	H	É		I	R		L		I
A	M	É	G	N	A	L	É	M	S	E	I	A	U	T	J	C	É		N
S	I	R	G	I	A	M	T	I	A	E	L	L	E			O	H		É
L	S	É															T	É	
I	É	L	E	T	R	A	M	S	N	O	Y	A	S	O	U	N		É	

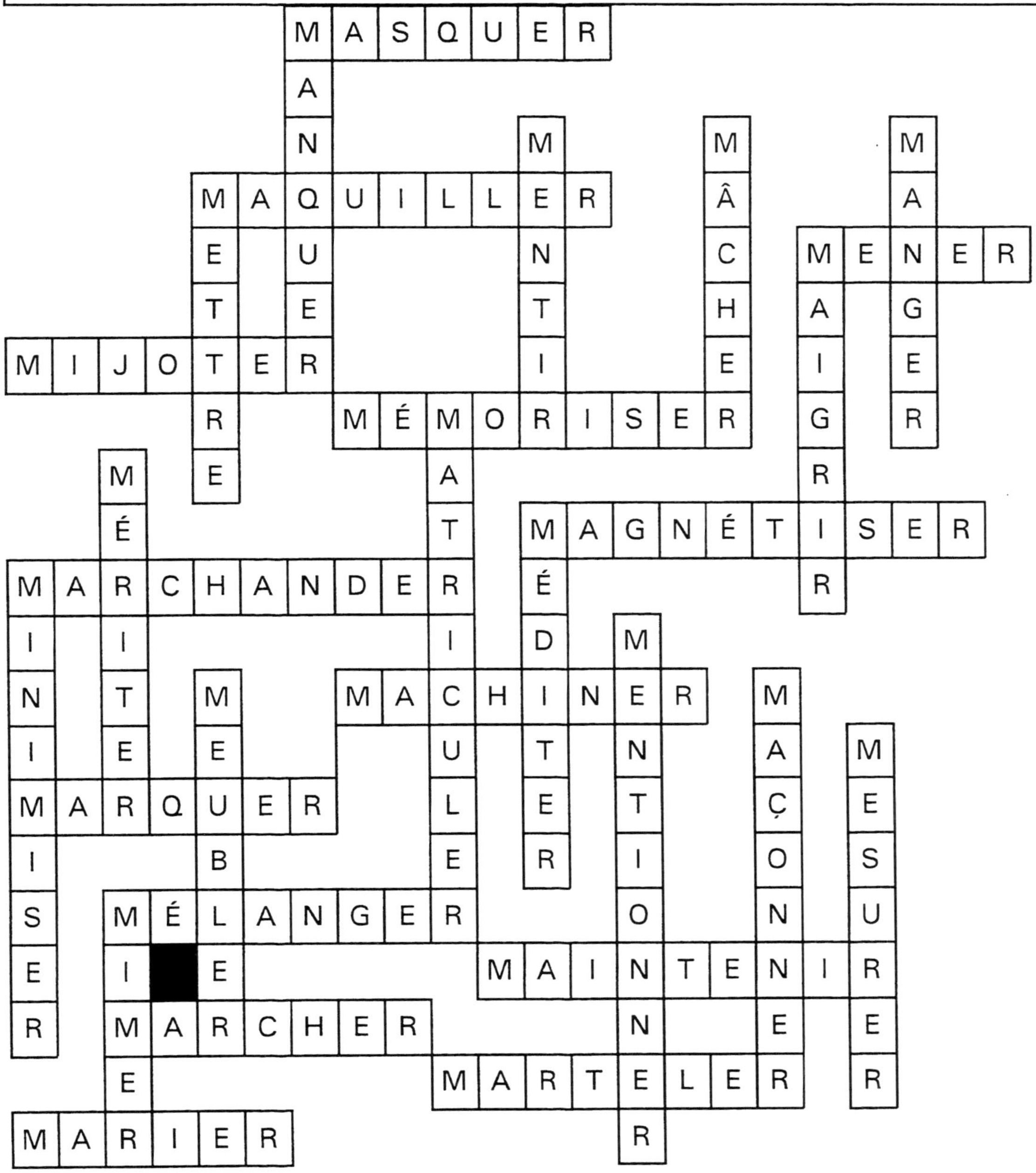
MASQUER
MANQUER
MENTIR
MÂCHER
MANGER
MAQUILLER
MENER
METTRE
MAIGRIR
MIJOTER
MÉMORISER
MÉRITER
MATRICULER
MAGNÉTISER
MARCHANDER
MÉDITER
MINIMISER
MEUBLE
MACHINER
MENTIONNER
MAÇONNER
MESURER
MARQUER
MÉLANGER
MIMER
MAINTENIR
MARCHER
MARTELER
MARIER

"Nothing ventured, nothing gained"
«Qui ne risque rien n'a rien»
(kee nuh reesk ree-ahn nah ree-ahn)

	N													N					N
R	A	R	N	I										R	A	E	N	A	E
R	V	I	I	S	O									E	U	G	T	E	T
	I		C	R	E	N								G		T	E		T
	G		H	R	R	R	U							A	E			R	O
	U		E		E	U	T	M						R		R	E		Y
	E		R			S	O	Î	É					F	E	C	E		E
N	R	R	E	L	E	V	I	N	A	R				U	N	R	E	I	R
				R	E	S	I	L	A	N	O	I	T	A	N		R		N
R	E	M	M	O	N			N	A			T	U	N				A	
E							É			R	N	N	E	N					N
T	R	E	I	C	O	G	É	N			U	E		R					N
I		E			L				A	N	O	T	I	F	I	E	R		U
S	R		T	I						S		R	A	G			I		L
S		E	G	O	N						A		E	N	E		C		L
E	E	E	U	A	N							L		R		R	R		I
C	R	R	N	O									I	A	V		I		F
É	R	T	I	I	N									S	E	A	O	N	I
N	I			U											E		N		E
R	E	P	P	A	N										Q	R	U	I	R

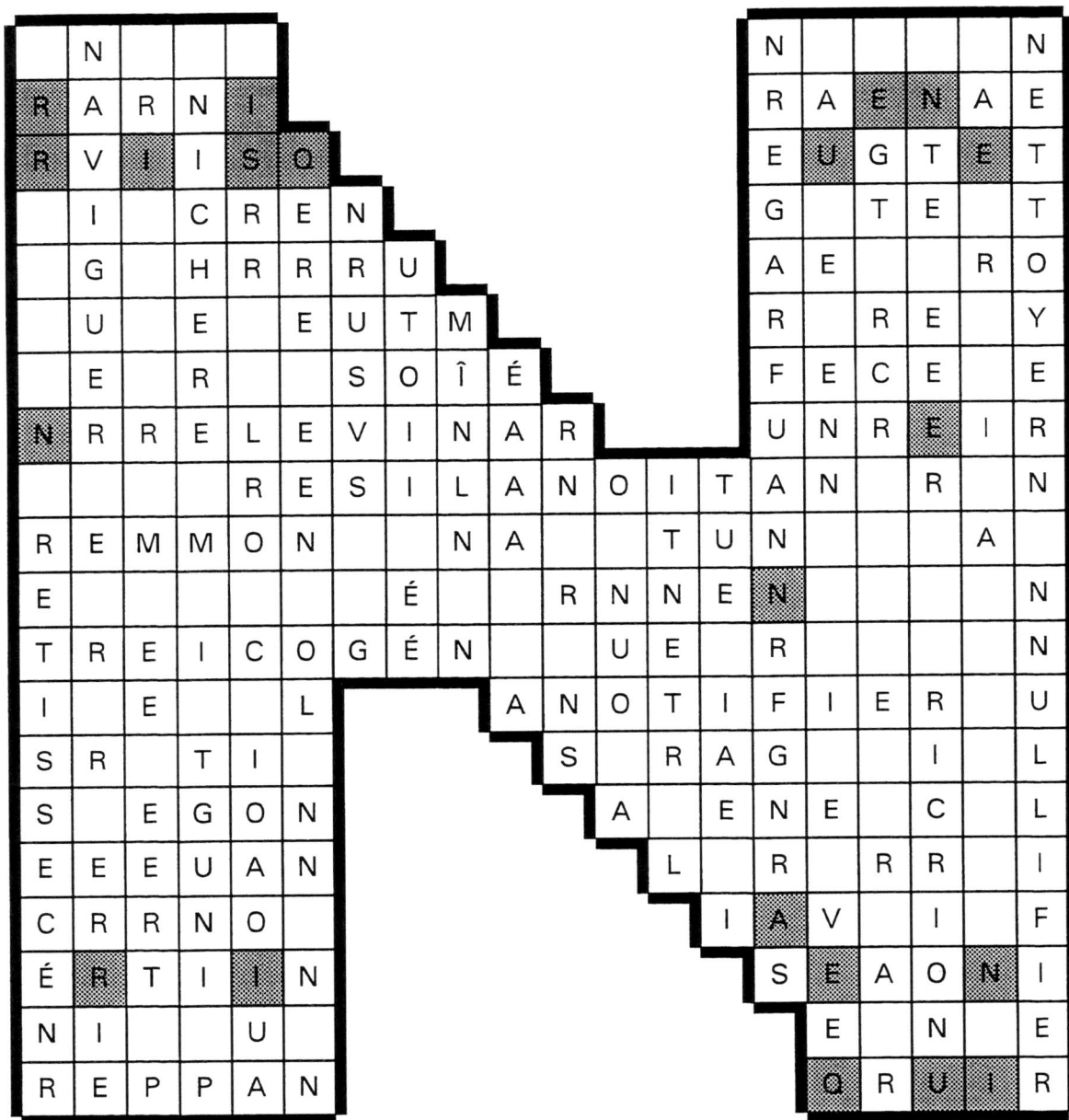

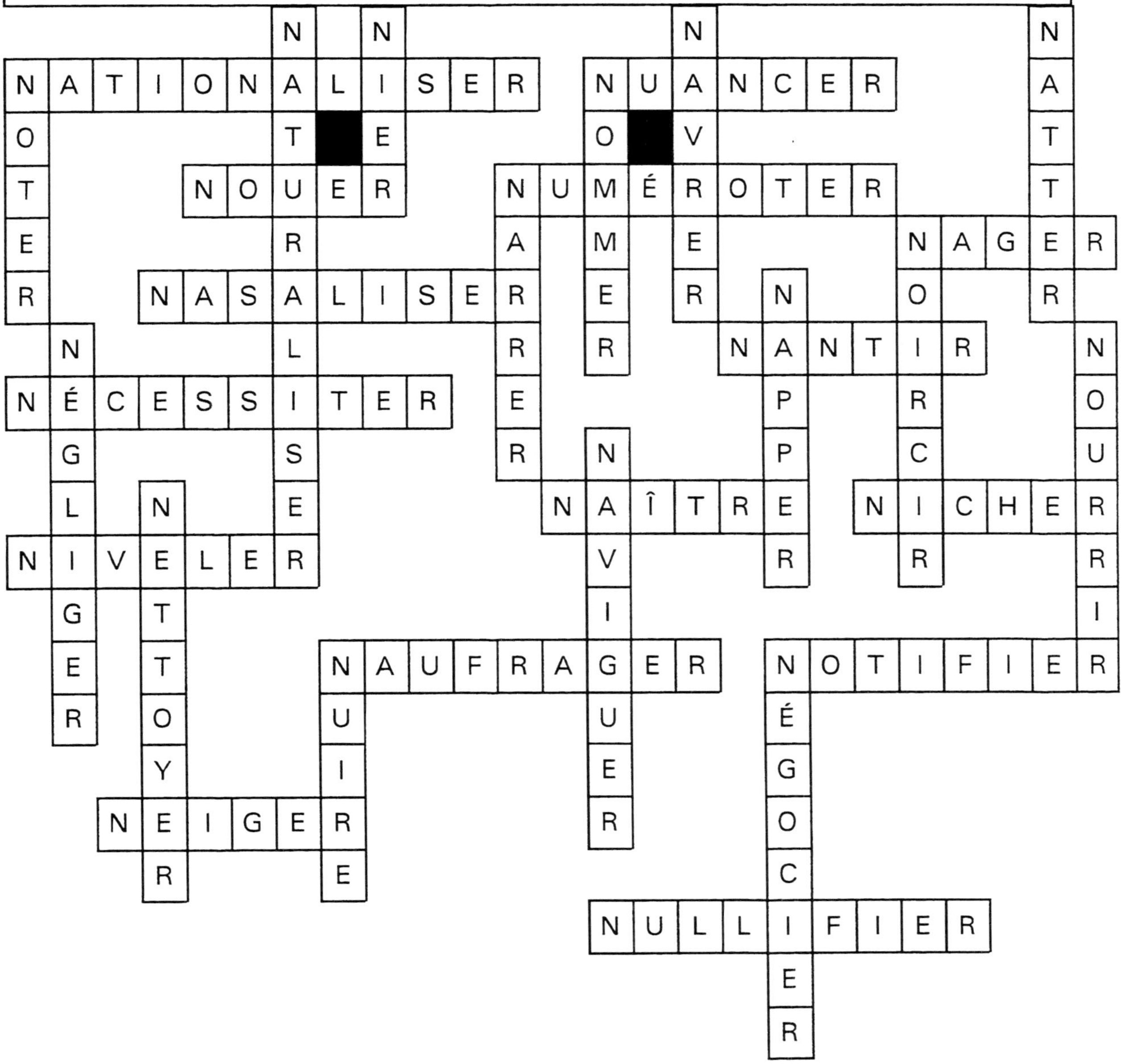

Place-A-Verb - page 51
NATIONALISER
NUANCER
NOUER
NUMÉROTER
NAGER
NASALISER
NANTIR
NÉCESSITER
NAÎTRE
NICHER
NIVELER
NAUFRAGER
NOTIFIER
NEIGER
NULLIFIER
NOTER
NATURALISER
NIER
NOYER
NAVRER
NUMÉRER
NARRER
NATTER
NOIRCIR
NAPPER
NOURRIR
NÉGLIGER
NETTOYER
NAVIGUER
NUIRE
NÉGOCIER

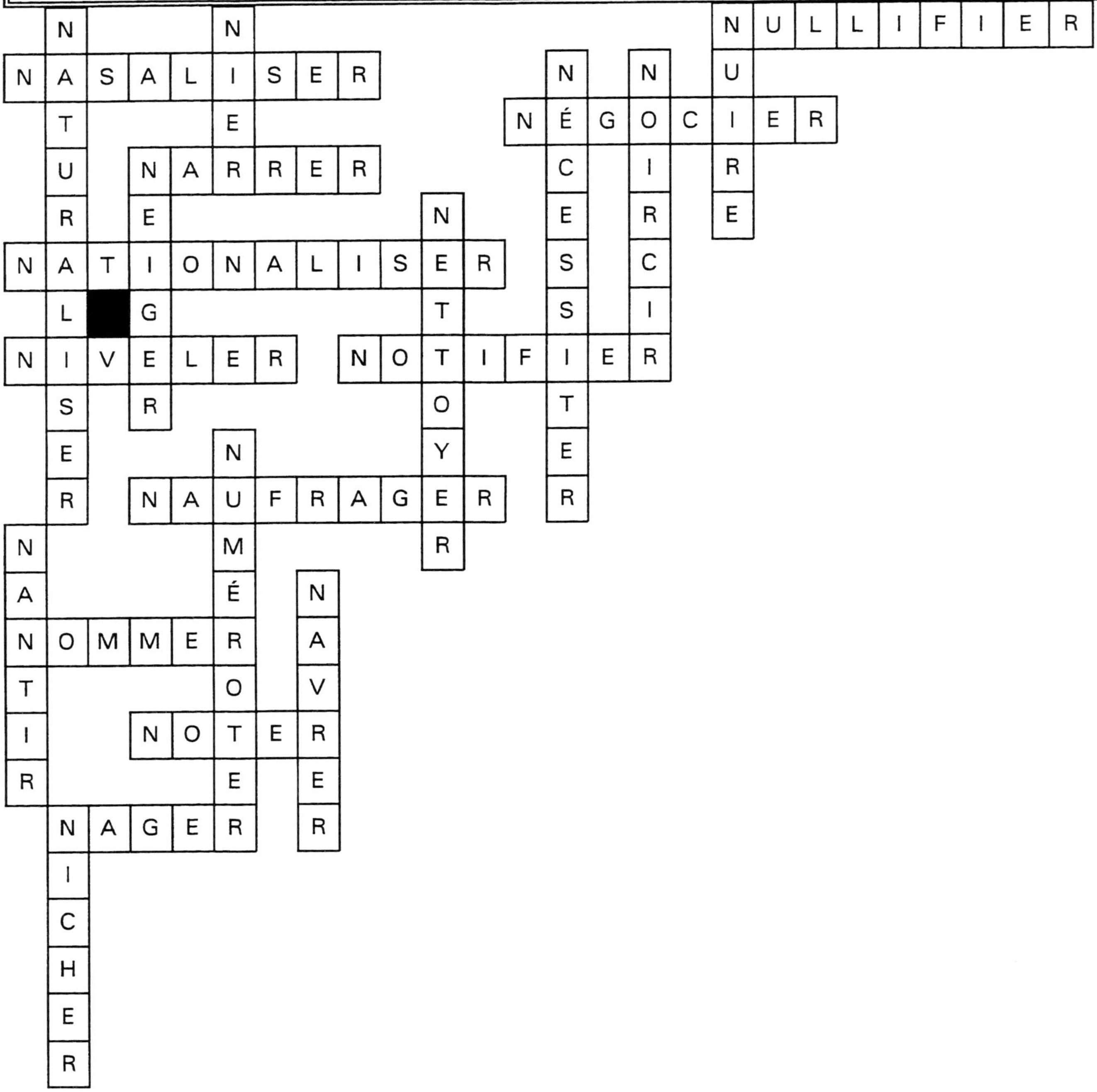
NULLIFIER
NASALISER
NÉGOCIER
NARRER
NATIONALISER
NIVELER
NOTIFIER
NAUFRAGER
NOMMER
NOTER
NAGER
NATURALISER
NIER
NEIGER
NÉCESSITER
NOIRCIR
NUIRE
NETTOYER
NUMÉROTER
NANTIR
NAVRER
NICHER

page 54

" One good turn deserves another "
« Un service en vaut un autre »
(ahn suhr-vees ahn voh ahn oh-truh)

											R		R						
			O	F	F	E	N	S	E	R		I	R	E					
		R	E	I	L	B	U	O	E	**A**	**U**	E	N	**T**	G	**R**	**E**		
					R	I	R	V	U	O	N			E		I			
R		R	E	T	N	E	I	R	O	I	F				T		L	O	
	E					T			P			F				B		B	
		L			C			O	R	I	C	R	U	C	S	B	O	J	O
	O		U	E										S			O	E	O
O		P	J	D											Q	B		C	
U	R	B	É		N										É	U	C	T	R
T	O	G		R		O								I		U	E	E	E
R			A		E								R		P		D	R	S
A				N		R							O	E		É			O
G					I		I						R	P	S			B	P
E						S		R					D	B	T		S		P
R	E	Y	O	D	N	O	E	**S**	F	**E**	R	**R**	O	**V**	**I**	E	**C**	**E**	O
	O	S	C	I	L	L	E	R	**V**	F	**A**	E	N	**U**	R	**T**	R	R	
		O	B	L	I	T	É	R	E	R	O		N	V			E		
			E	R	E	S	I	M	I	T	P	O	E	R	**N**	S			
				U	O	U	T	I	L	L	E	R	R	**N**	O				

Crossword

OPPOSER
ORGANISER
OBÉIR
OBLIGER
OPÉRER
OBJECTIVER
OBTENIR
OUTRAGER
OBSCURCIR
ORIENTER
OFFUSQUER
OBJECTER
OBLITÉRER
OUTILLER
OBSÉDER
OPTER
OSCILLER
OFFRIR
OFFENSER
OUVRIR
OSER
ONDULER
OPTIMISER
ORDONNER
OUBLIER
OPINER
ORNER
ONDOYER
OCCUPER

																	R		O
R	O	B	S	C	U	R	C	I	R	O	R		R			I			F
E	F									B		E			É		R		F
U	F		O	N	D	U	L	E	R	S	R		T	B		E	I	O	R
Q	E		O	B	L	I	G	E	R	É			O	C	V		N		I
S	N								T	D				R	E	D	E		R
U	S	O	B	J	E	C	T	I	V	E	R		E		O	J	T		E
F	E						L			R		S		Y			B		
F	R					B					B		E				O	O	
O					O					O		R	R	E	P	U	C	C	O
			T								E	Y	P	U	C	C	O	O	T
		T	O	O	B	S	E	R	V	E		V					D		O
E	T		T	O	O	B	S	E	S	S	T		A			N			U
G		O	T	O	O	B	T	A	I	N		O		W	E				N
I		T	O				J						D	F	O				D
L	T	O	O	B	L	I	T	E	R	A	T	E	F	A		T			U
B		O			S				C			O			R				L
O		F				C				T	O		O			K			A
O		F					U			T	I			B			E		T
T		E						R				F			E			N	E
		R		T	O	O	B	J	E	C	T		Y			Y			

to obey
to object
to objectify
to oblige
to obliterate
to obscure
to obsess
to observe
to obtain
to occupy
to offend
to offer
to darken
to undulate
to wave (hair)

page 58 "Practice makes Perfect"
«C'est en forgeant qu'on devient forgeron»
(seh-tahn-fohr-zhahn kohn duh-vyahn fohr-zheh-rohn)

R	R	P	A	R	I	E	R	E	N	N	O	D	R	A	P				
E	E	P	A	R	A	Î	T	R	E	C	E	S	T	A	A	R			
N	R	T				P	Â	T	I	S	S	E	R	P	C	E	P		
O	T	P	I	F	O	R	■	■	G	E	A	A	N	A	I	S	E	T	
L	É	A	F	P	O	R	■	■	■	G	L	E	R	G	F	S	R	O	N
L	N	R	D	A	L	E	■	■	■	Y	V	I	E	I	I	E	C	N	T
I	É	T	Q	R	U	A	■	■	S	P	E	I	G	N	E	R	E	O	N
P	P	I		V	P		P	E	N	C	H	E	R	E	R	A	R		
A		R	R	E	A		R	E	P	I	C	I	T	R	A	P			
P			E	N	V		R												
E	R	D	N	I	E	P	E												
	E		I	R	R	R	S												
P	Y	R	T	E	P	E	S												
A	A	E	A	L	A	N	A												
Q	P	M	P	A	R	N	P												
U	A	U	Â	D	T	O	E												
E	R	F	L	É	A	R	N												
T	L	R	I	P	G	T	S												
E	E	A	R		E	A	E												
R	R	P	E	N	R	P	R												

page 59 Place-A-Verb

PARALYSER
PAQUETER
PAPILLONER
PÂTISSER
PARTAGER
PARDONNER
PEINDRE
PATRONNER
PARIER
PATINER
PENCHER
PAVER
PÂLIR
PÉDALER
PARTIR
PALPITER
PENSER
PARTICIPER
PERCER
PASSER
PAGINER
PACIFIER
PARESSER
PARAÎTRE
PEIGNER
PARVENIR
PÉNÉTRER
PARFUMER
PARLER
PAYER

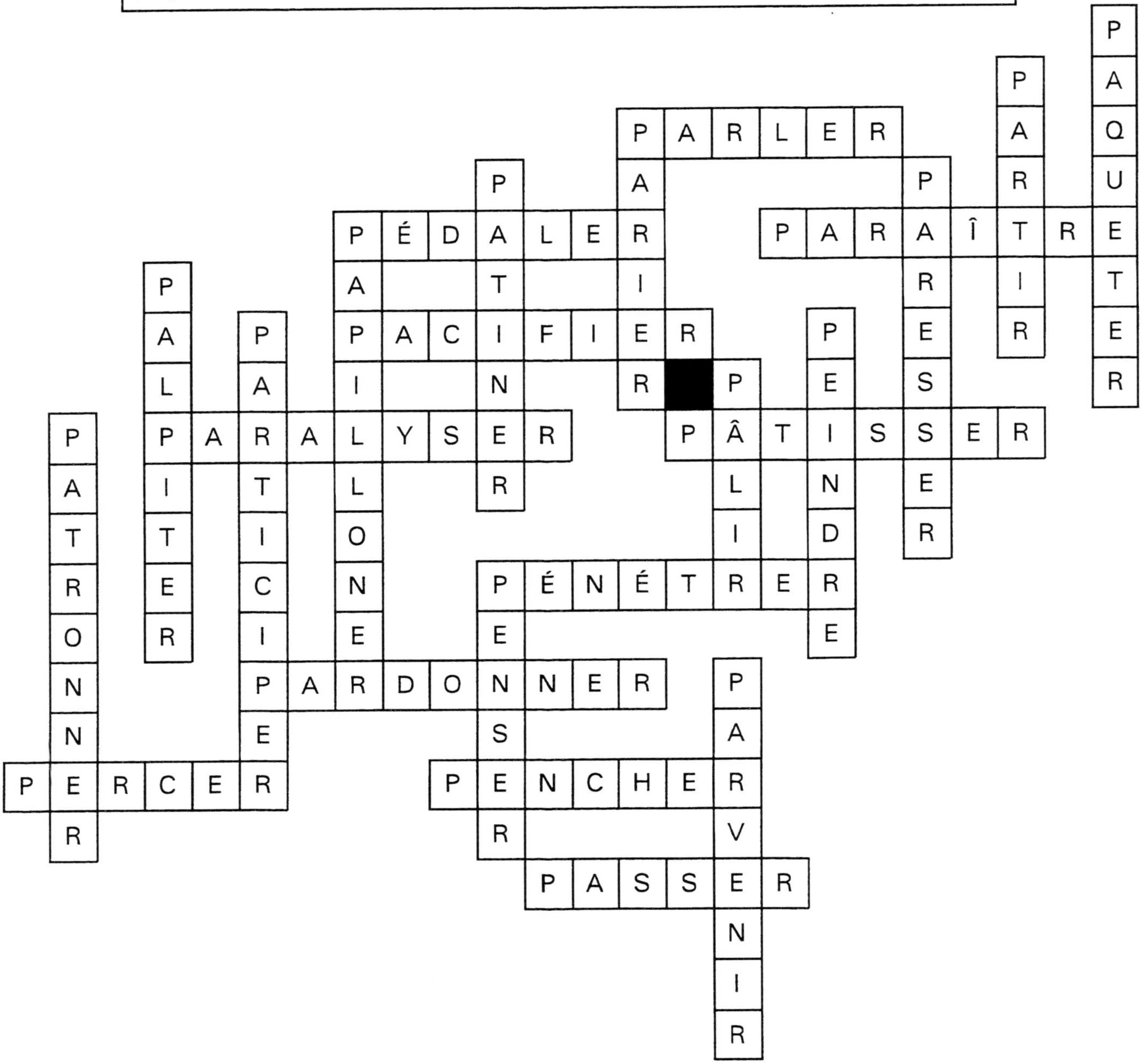
PARLER
PÉDALER
PARAÎTRE
PACIFIER
PÂTISSER
PARALYSER
PÉNÉTRER
PARDONNER
PERCER
PENCHER
PASSER
PAQUETER
PARTIR
PARIER
PATINER
PARESSER
PEINDRE
PÂLIR
PALPITER
PARTICIPER
PAPILLONER
PATRONNER
PENSER
PARVENIR

"There are two sides to every question."
«Qui n'entend qu'une cloche n'entend qu'un son»
(kee nahn-tahn koon klohsh nahn-tahn kahn sohn)

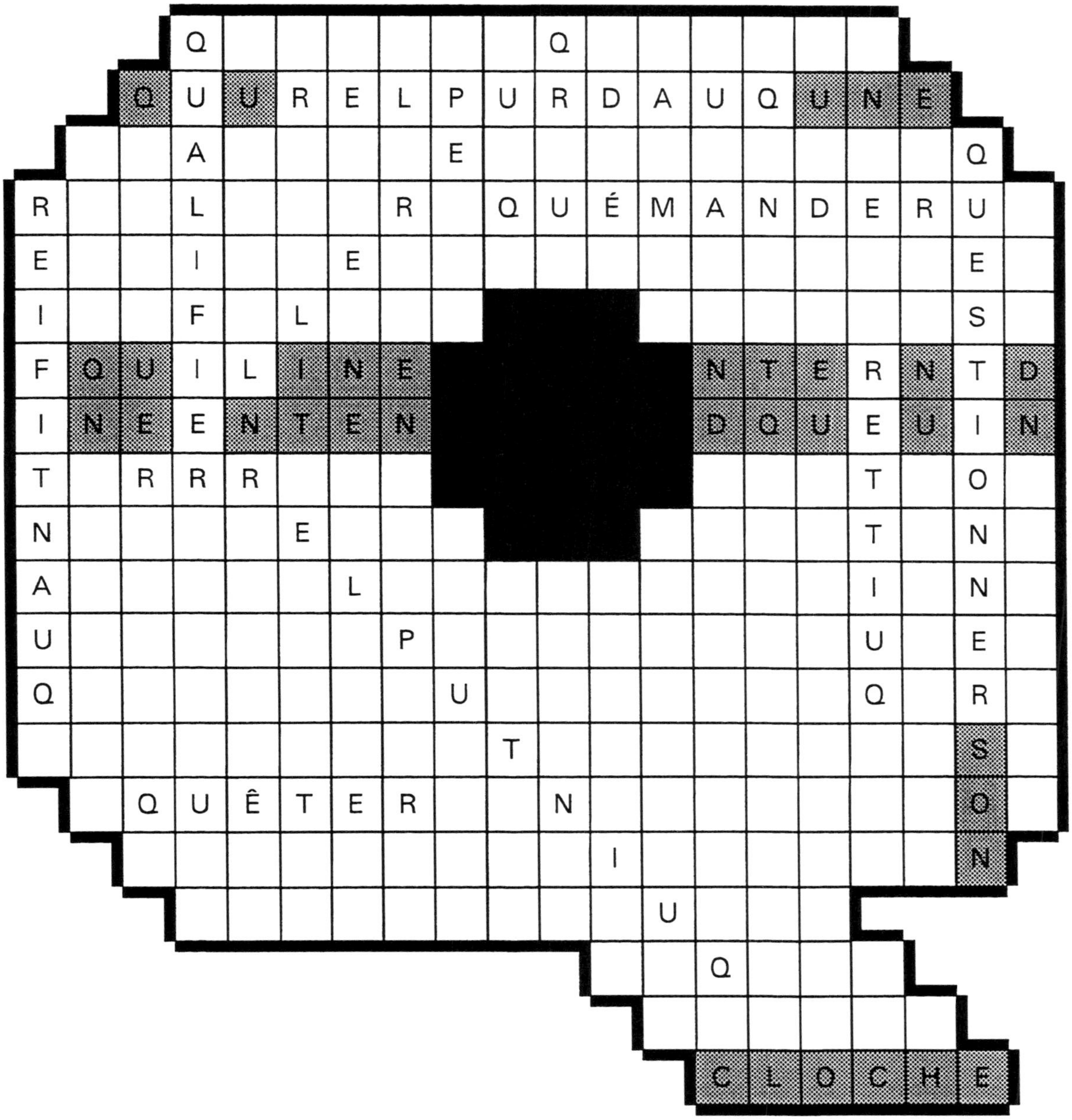

Crossword

QUADRUPLER
QUANTIFIER
QUITTER
QUALIFIER
QUINTUPLER
QUÊTER
QUERELLER
QUÉMANDER
QUESTIONNER
BEG
QUANTIFY
QUADRUPLE
COLLECT
QUINTUPLE
QUARRE
QUESTION
LEAVE
QUALIFY

1	2	3	4	5	6	7	8	9
				Q	Q			
				U	U			Q
			C	E	A			U
		L	O	S	L	Q		A
	Q	E	L	T	I	U	B	R
Q	**U**	**A**	**L**	**I**	**F**	**I**	**E**	**R**
U	A	V	E	O	Y	N	G	E
A	N	E	C	N		T		L
D	T		T			U		
R	I					P		
U	F					L		
P	Y					E		
L								
E								

"Rome wasn't built in a day"

«Paris ne s'est pas fait en un jour»

(pah-ree nuh seh pah feh tahn ahn zhoor)

R	R	P	A	S	R	E	D	O	M	M	O	C	C	A	R				
A	A	R	P	A	R	R	A	C	C	O	R	D	E	R	I	S			
M	L	A		R		A						R	E	G	N	A	R		
A	L	I		E		C					R	A	C	H	E	T	E	R	
S	O	D		B		C					R	I	O	V	E	C	E	R	
S	N	I		U		R					R	I	N	R	O	C	A	R	
E	G	R	E	T	N	O	C	A	R	E	N	N	O	Ç	N	A	R		
R	E	C	H	E	R	C	H	E	R	A	L	E	N	T	I	R			
S	R	R	R	R	E	H	S	R	T	R	A	C	L	E	R				
E	F	A	É	A	I	E	R	R	A	T									
R	J	I	A	O	R	R	U	A	E	F	R								
T	R	S	L		A	I		R	Y	C	F								
Î	E	O	I	R	C		H	R	I	O	O	I							
A	C	N	S	E	C			C	E	M	N	M	N						
N	T	N	E	I	O				Î	M	R	N	M	E					
N	I	E	R	F	U					A	A	E	E	A	R				
O	F	R	A	I	R						R	L	F	R	N	E			
C	I	N	S	T	C							F	C	F	E	D	Y		
E	E	U	E	A	I								A	É	A	N	E	A	
R	R	E	R	R	R									R	R	R	N	R	R

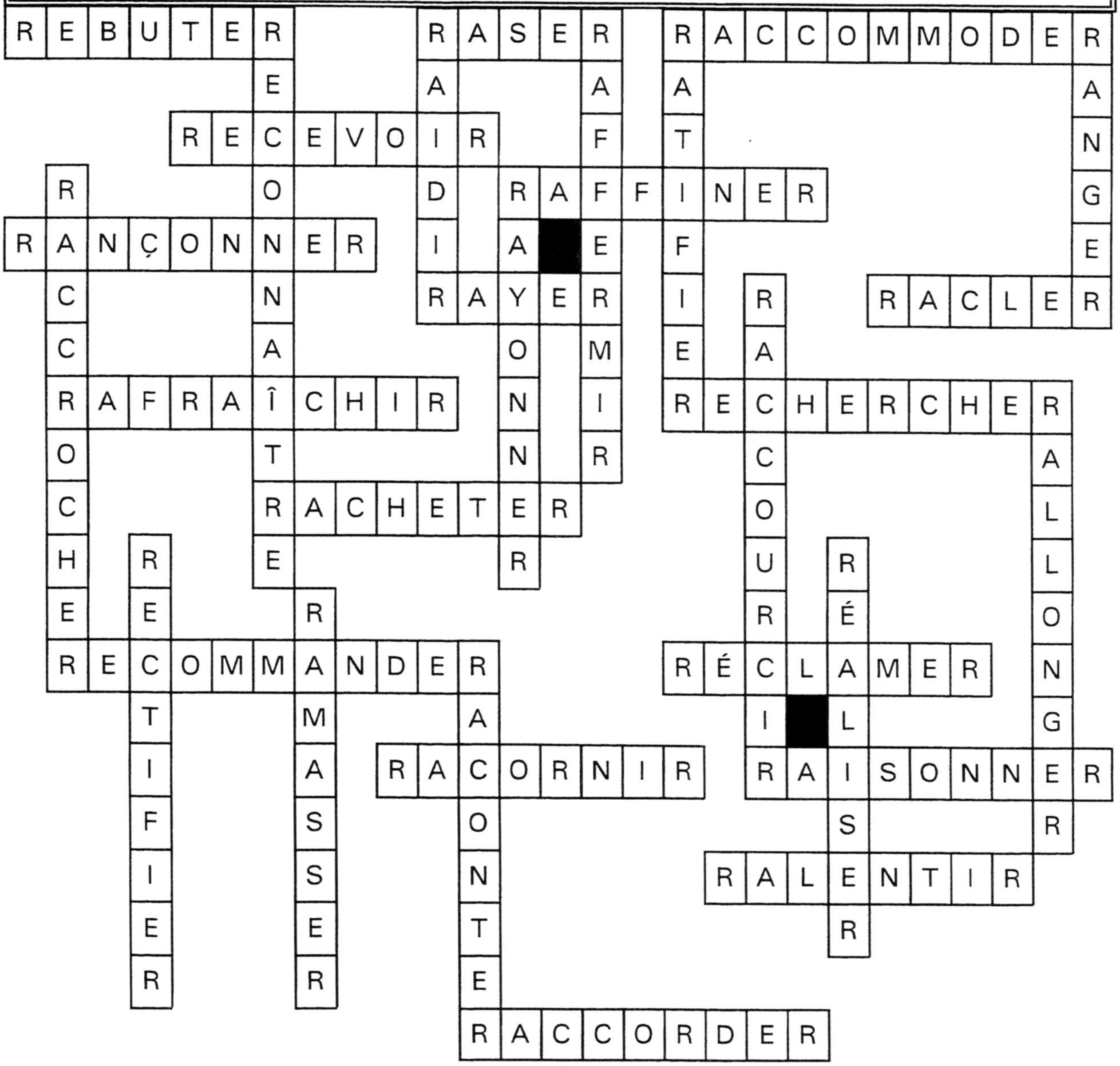
REBUTER
RASER
RACCOMMODER
RECEVOIR
RAFFINER
RANÇONNER
RACLER
RAYER
RAFRAÎCHIR
RECHERCHER
RACHETER
RECOMMANDER
RÉCLAMER
RACORNIR
RAISONNER
RALENTIR
RACCORDER
RECONNAÎTRE
RAIDIR
RAFFERMIR
RATIFIER
RANGER
RACCROCHER
RAYONNER
RECTIFIER
RAMASSER
RACONTER
RACCOURCIR
RÉALISER
RALLONGER

RECHERCHER
RAYE
RECOMMANDER
RACCROCHER
RAYONNER
RECONNAÎTRE
RACONTER
RASER
REBUTER
RANÇONNER
RALER
RACHETER
RACCOMMODER
RAIDIR
RACCORDER
RACCOURCIR
RANGER
RAFRAÎCHIR
RAFFERMIR
RACORNIR
RAISONNER

"Slow but sure"
«Qui va lentement va sûrement»
(kee vah lahnt-mahn vah soor-mahn)

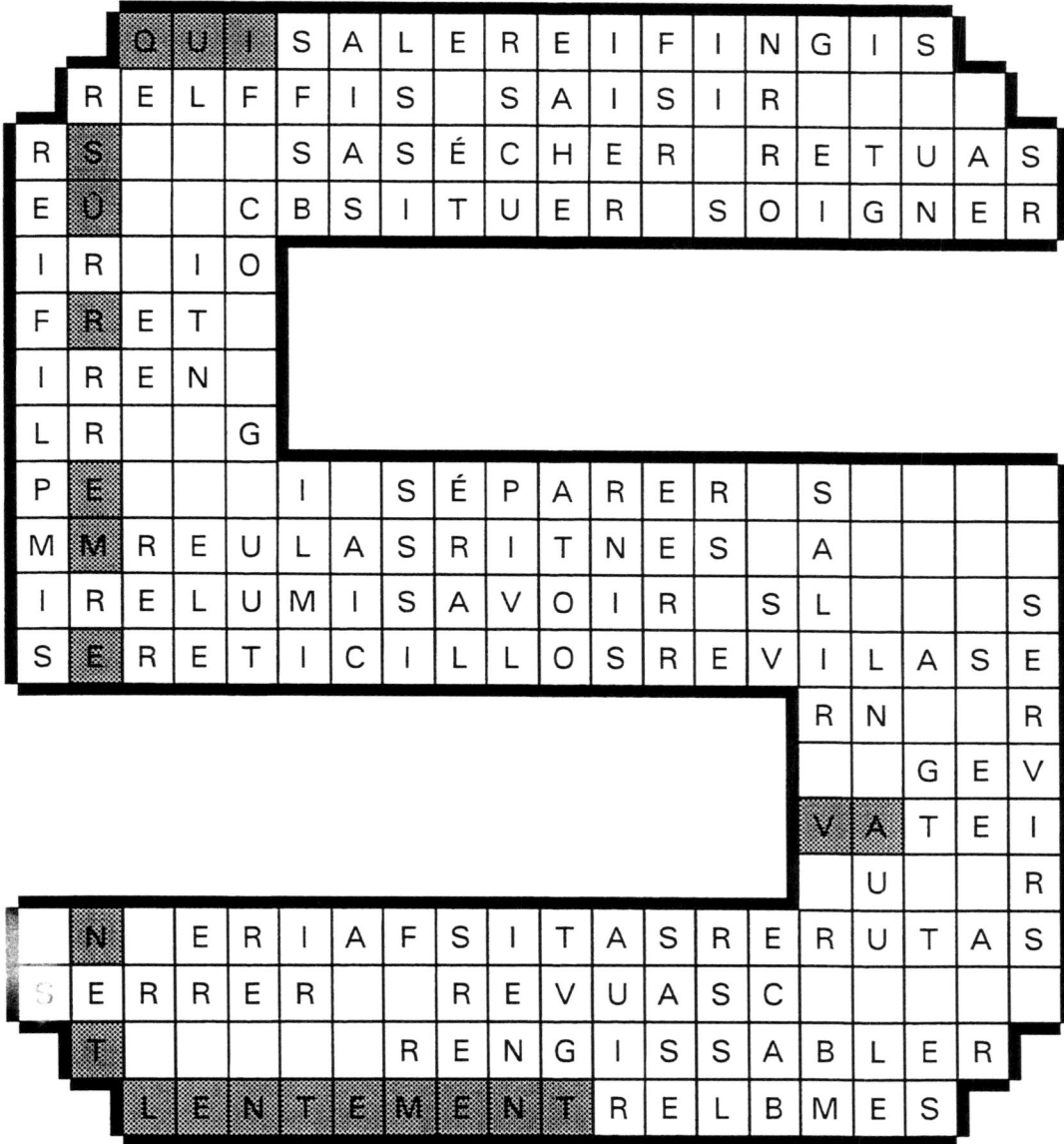

		Q	U	I	S	A	L	E	R	E	I	F	I	N	G	I	S		
	R	E	L	F	F	I	S		S	A	I	S	I	R					
R	S				S	A	S	É	C	H	E	R		R	E	T	U	A	S
E	Û			C	B	S	I	T	U	E	R		S	O	I	G	N	E	R
I	R		I	O															
F	R	E	T																
I	R	E	N																
L	R			G															
P	E				I		S	É	P	A	R	E	R		S				
M	M	R	E	U	L	A	S	R	I	T	N	E	S		A				
I	R	E	L	U	M	I	S	A	V	O	I	R		S	L				S
S	E	R	E	T	I	C	I	L	L	O	S	R	E	V	I	L	A	S	E
															R	N			R
																	G	E	V
															V	A	T	E	I
																U			R
	N		E	R	I	A	F	S	I	T	A	S	R	E	R	U	T	A	S
S	E	R	R	E	R			R	E	V	U	A	S	C					
	T						R	E	N	G	I	S	S	A	B	L	E	R	
		L	E	N	T	E	M	E	N	T	R	E	L	B	M	E	S		

page 71	Unscramble & Match				
1.	serrer	AA	16.	saliver	U
2.	savoir	BB	17.	scruter	F
3.	sabler	B	18.	sauter	DD
4.	solliciter	D	19.	sentir	A
5.	singer or signer	R or S	20.	signifier	X
6.	siffler	E	21.	simuler	N
7.	sécher	T	22.	situer	Y
8.	satisfaire	CC	23.	signer or singer	R or S
9.	saisir	V	24.	sembler	I
10.	séparer	Q	25.	scier	K
11.	simplifier	Z	26.	sauver	O
12.	soigner	W	27.	saluer	H
13.	servir	J	28.	saler	P
14.	saboter	L	29.	salir	M
15.	saturer	C	30.	saigner	G

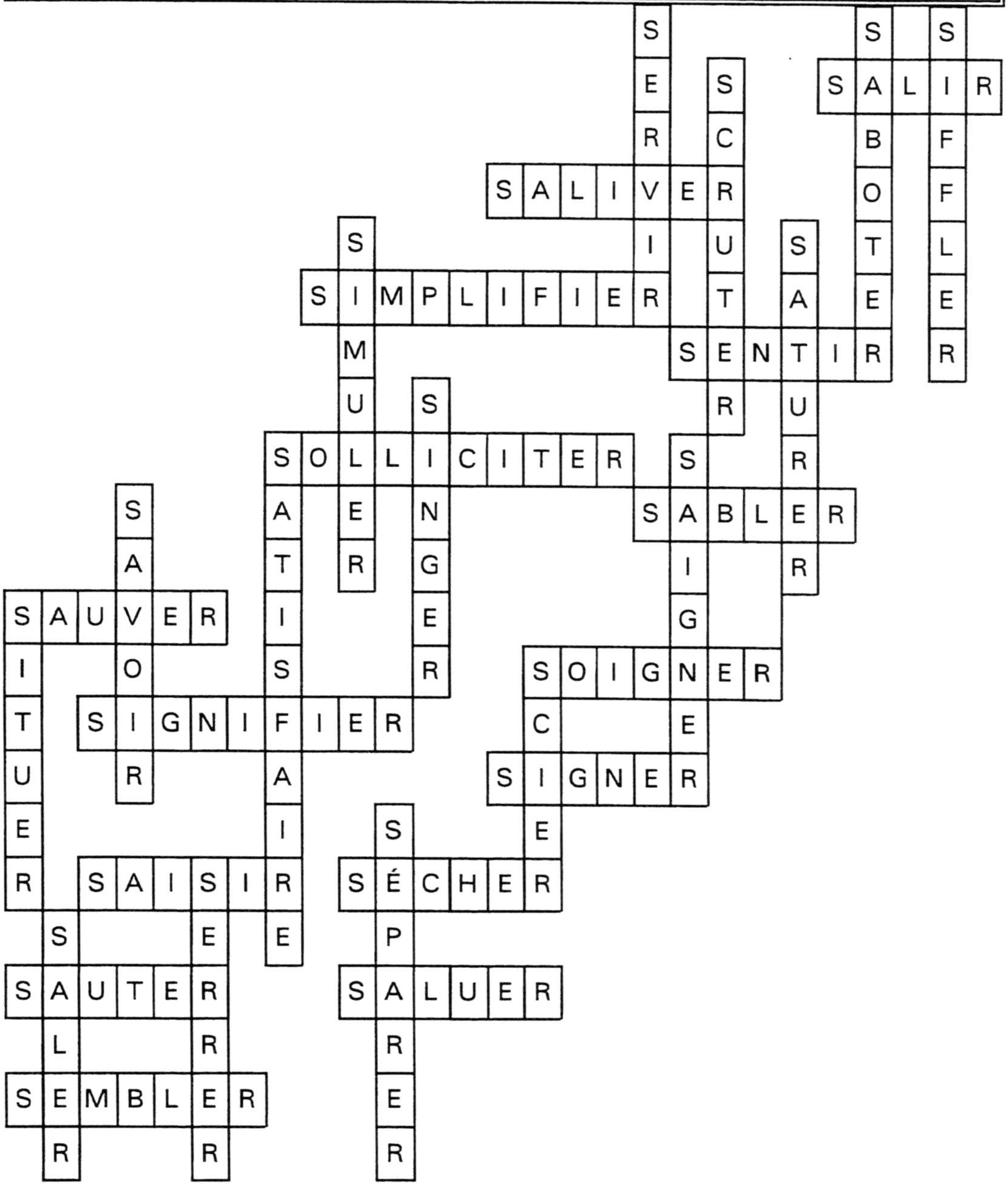
SERVIR
SCRUTER
SABOTER
SOUFFLER
SALIR
SALIVER
SIMULER
SIMPLIFIER
SATURER
SENTIR
SINGER
SOLLICITER
SAVOIR
SATISFAIRE
SIGNIFIER
SABLER
SAUVER
SITUER
SOIGNER
SCIER
SIGNER
SAISIR
SÉCHER
SERRER
SALER
SAUTER
SALUER
SÉPARER
SEMBLER

page 74

"There is no place like home"

«À chaque oiseau son nid est beau»

(ah shahk wah-zoh sohn nee eh boh)

T	R	A	V	A	I	L	L	E	R	S	O	N	R	E	N	R	U	O	T
C	H	A	Q	U	E	R	I	U	D	A	R	T	E	R	E	B	M	O	T
R	I	N	E	T	R	A	I	T	E	R	E	N	O	H	P	É	L	É	T
				T	O	N	N	E	R	E	N	G	I	O	M	É	T		
O	I	T	A	P	O	T	E	R	T	E	N	D	R	E	R	S	E	A	U
R	I	H	A	R	T	R	A	N	S	P	O	R	T	E	R	E	R	I	T
						A	T				P	I	R						
						N	P	U	N	I	M	D	R						
						S		E	R	B	A	E							
						F			R	E	T	E							
						O		E		N	R		R						
						R	R		E	D	T	E	E						
						M		T	N	A	N	R	R						
						E		I	R	I	I	E	I						
						R	E	D	M	A	S	H	P						
						T	E	R	T	S		C	S						
						R	E	E	U	S	T	A	N						
						T	B	O	E	A	U	T	A						
						À	T	O	U	C	H	E	R						
						R	E	S	S	I	P	A	T						

page 75	Unscramble & Match				
1.	tacher	G	16.	tenir	CC
2.	teindre	BB	17.	tirer	I
3.	timbrer	R	18.	tendre	F
4.	tenter	D	19.	tamponner	S
5.	travailler	H	20.	transformer	AA
6.	tousser	Z	21.	traiter	A
7.	trahir	DD	22.	tourner	U
8.	taire	J	23.	tonner	B
9.	tolérer	Q	24.	transporter	T
10.	téléphoner	W	25.	tomber	V
11.	traduire	M	26.	torturer	N
12.	transpirer	O	27.	tarder	E
13.	témoigner	C	28.	toucher	L
14.	taper	X	29.	terminer	P
15.	tapoter	Y	30.	tapisser	K

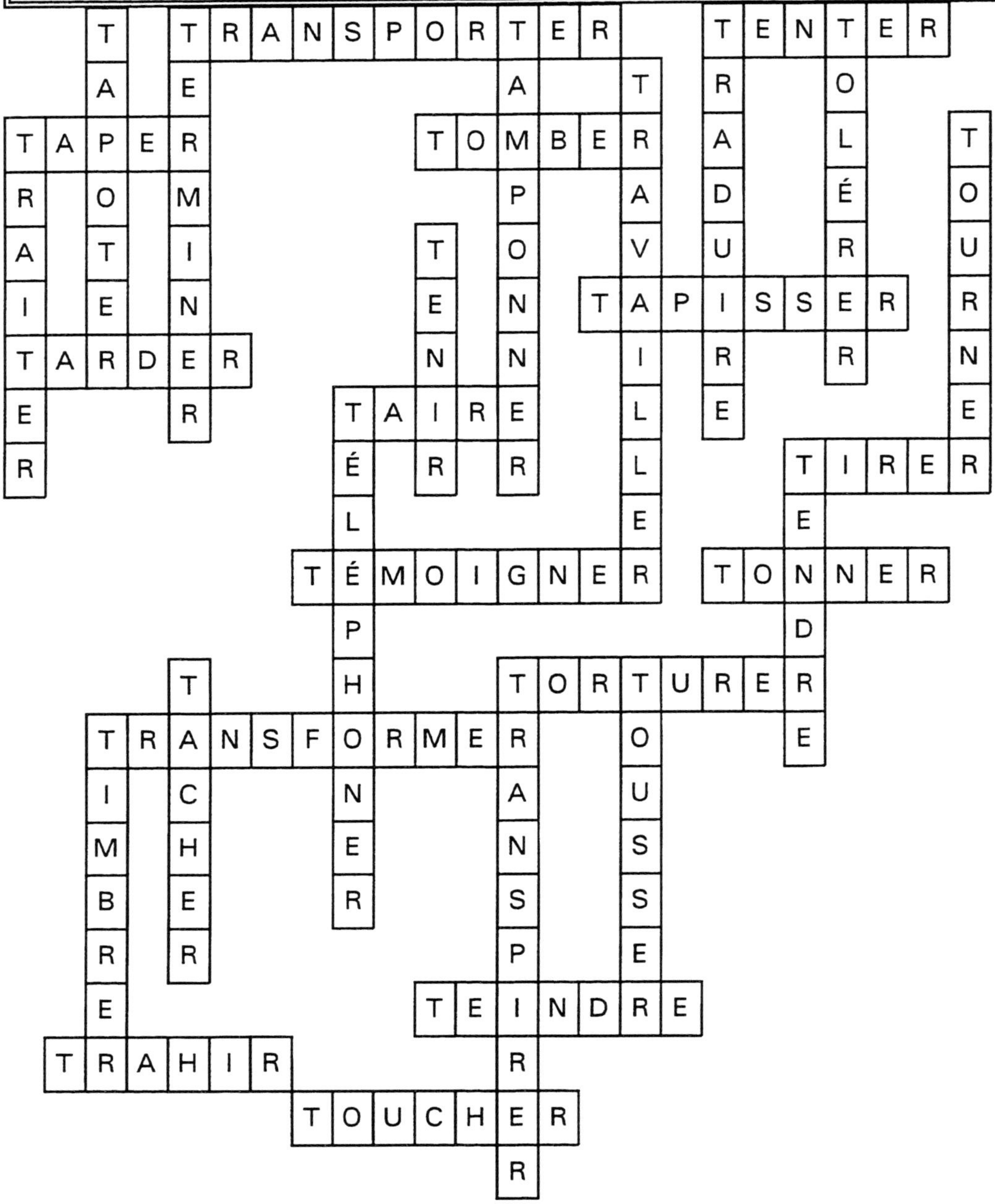
TRANSPORTER
TENTER
TAPER
TOMBER
TAPISSER
TARDER
TAIRE
TIRER
TÉMOIGNER
TONNER
TORTURER
TRANSFORMER
TEINDRE
TRAHIR
TOUCHER
TAPOTER
TERMINER
TRAITER
TAMPONNER
TRAVAILLER
TRADUIRE
TOLÉRER
TOURNER
TENIR
TÉLÉPHONER
TENDRE
TACHER
TIMBRE
TRANSPIRER
TOUSSER

"Never give advice unasked"

«Ne donnez jamais un avis qu'on ne vous demande pas»

(nuh doh-nay zhah-meh ahn ah-vee kohn nuh voo duh-mahn-duh pah)

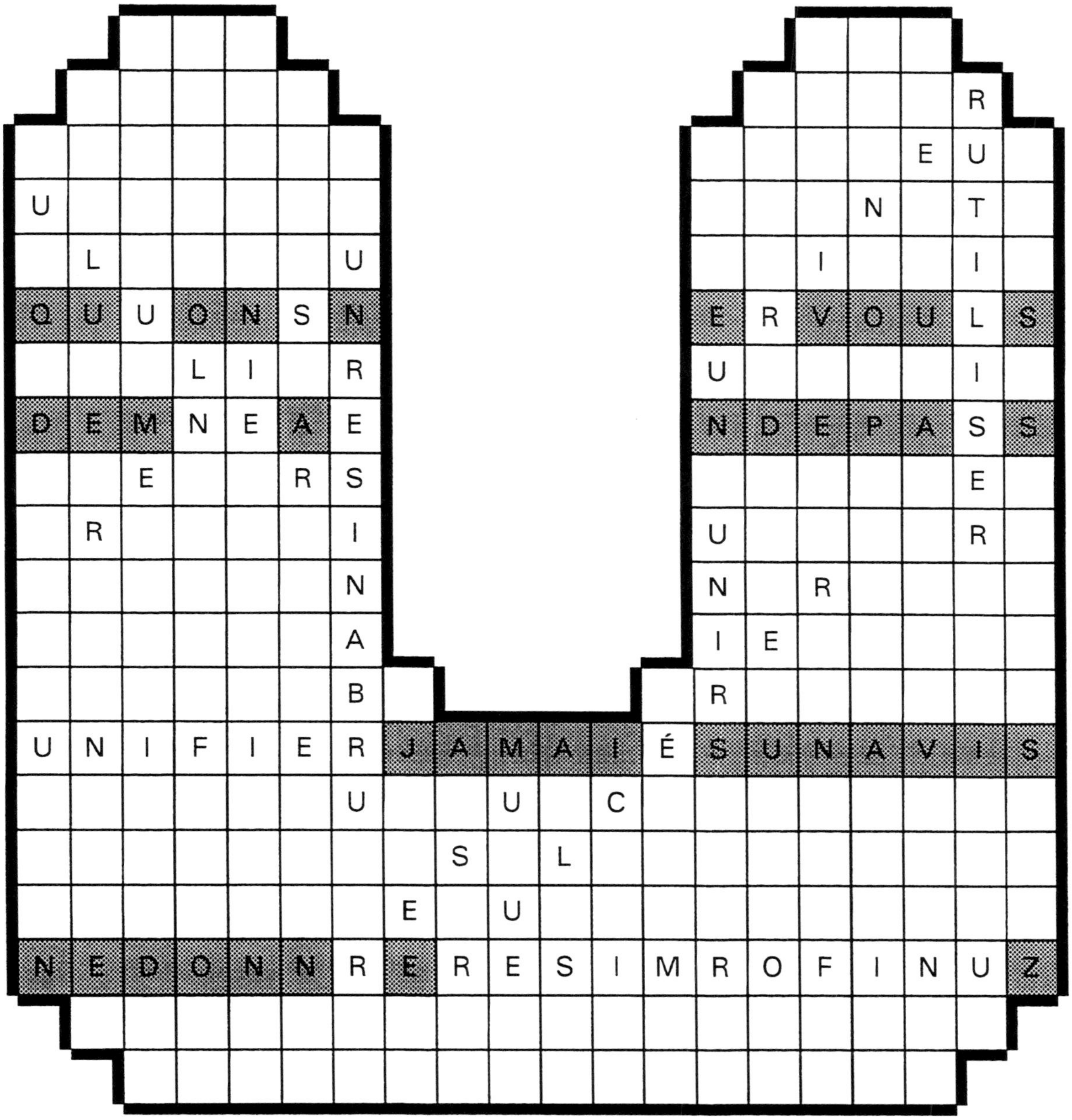

page 79 — Crossword

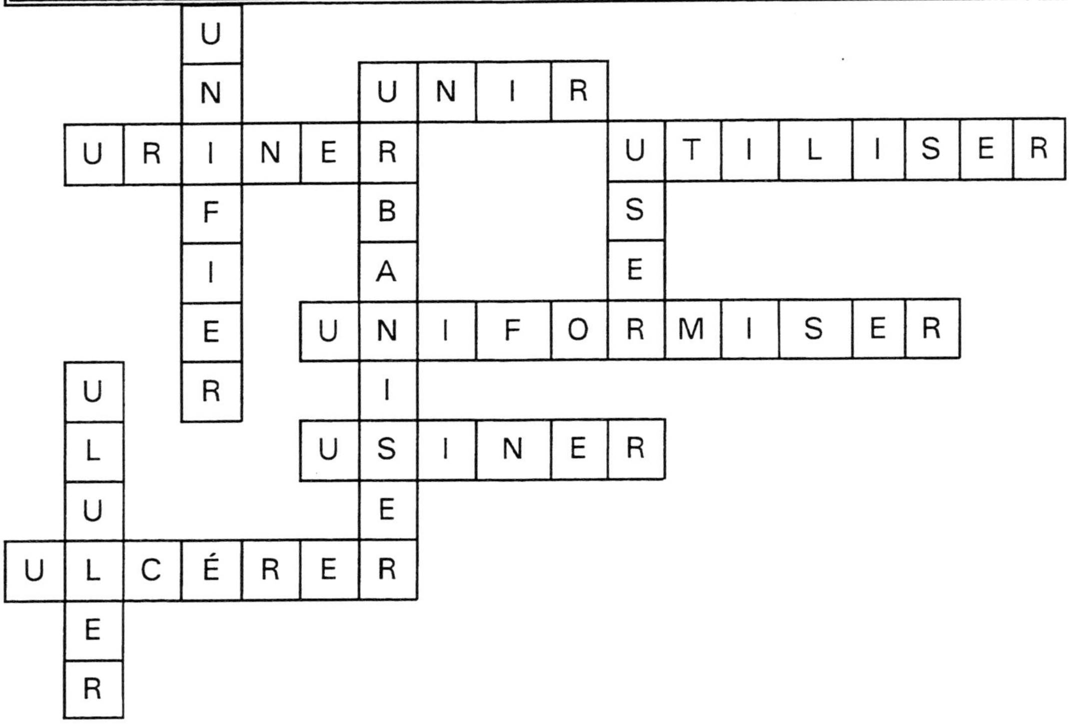

page 79 — Matching

1. E	3. D	5. J	7. H	9. C
2. F	4. I	6. A	8. G	10. B

 Unscramble & Place-A-Verb

4 letters	6 letters	7 letters	8 letters	9 letters	11 letters
unir	ululer	ulcérer	utiliser	urbaniser	uniformiser
user	uriner	unifier			
	usiner				

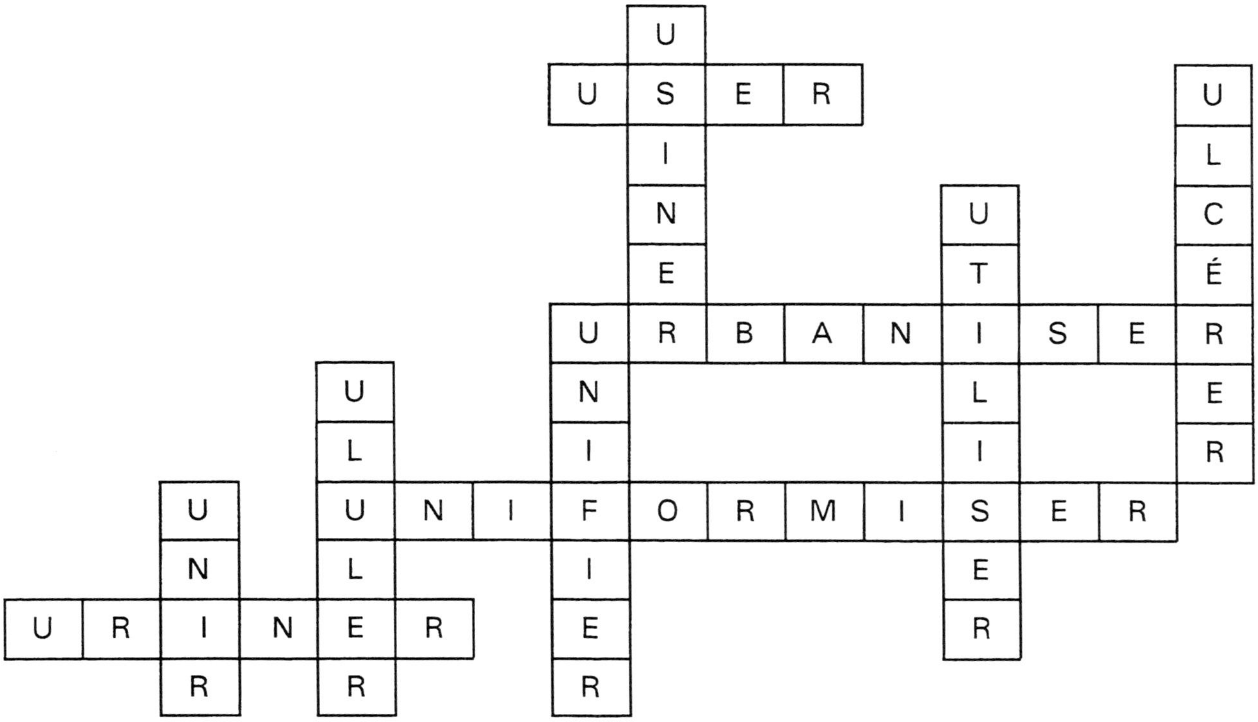

page 82 "Violence breeds violence"

«La violence engendre la violence»

(lah vyoh-lahns ahn-zhahn-druh lah vyoh-lahns)

			R																		R			
V			E	E																	E			
E	É		L		D														R	E	U	G	A	V
N	V	R	L	I	O	N												L	E	N	Q	C	E	V
G			I				O														A		E	
E			C	F			R	B								V					V	N		
R	E	N	A	G	I	E	N	I	A						D	Ê	R	E	R	E	T	N	A	V
V		V	V			E			O	G						T				I			R	R
	A		É	E			R			L	A		V	É	H	I	C	U	L	E	R	E	I	
		P		G	I	R	E	D	I	L	A	V	V			R		E			I	N		
			O		É	L	E	R	D	N	E	V	E				R			R	E			
				R	V	T	L	S				A	R	E	N	I	C	C	A	V				
					I	A	E	E	L			I	N					V						
						S	M	R	R	A		N	I											
							E	P	E		V	C	R											
								R	E	S	I	R	O	L	A	V								
										R	R	E												
												E												
										L	A	V												

page 83		Unscramble & Match			
1.	valoriser	BB	16.	verser	V
2.	vaquer	J	17.	veiller	L
3.	vaporiser	B	18.	vibrer	U
4.	vacciner	A	19.	valoir	Q
5.	vendre	E	20.	vagabonder	AA
6.	vieillir	H	21.	vanter	CC
7.	vexer	D	22.	vêtir	N
8.	varier	C	23.	valser	K
9.	vaciller	P	24.	venger	W
10.	vaincre	DD	25.	ventiler	X
11.	végéter	Z	26.	vamper	S
12.	vérifier	R	27.	valider	F
13.	véhiculer	M	28.	venir	G
14.	vider	Y	29.	vernir	I
15.	vicier	O	30.	vaguer	T

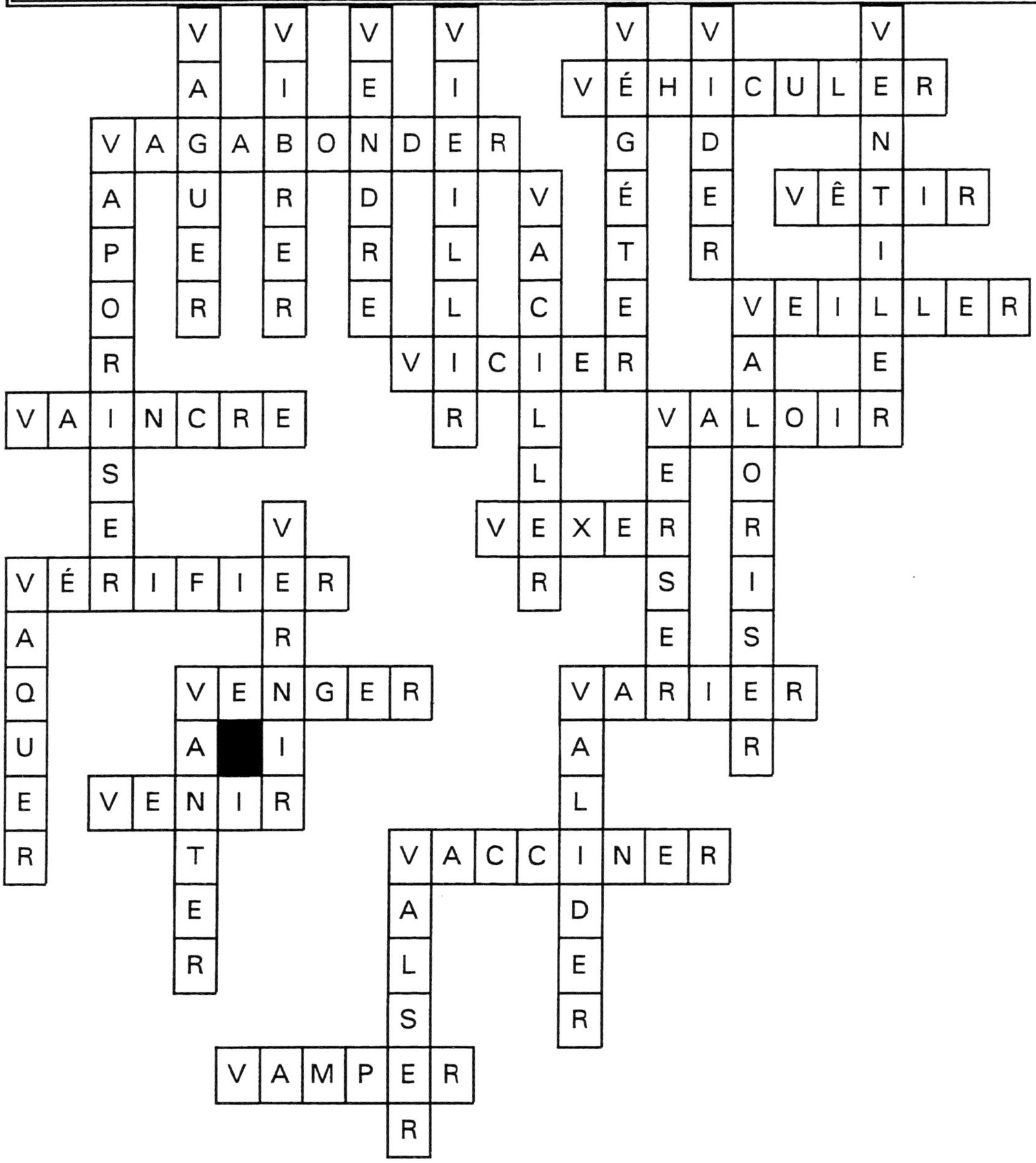
VÉHICULER
VAGABONDER
VÊTIR
VEILLER
VICIER
VAINCRE
VALOIR
VEXER
VÉRIFIER
VENGER
VARIER
VENIR
VACCINER
VAMPER
VAGUER
VIBRER
VENDRE
VIEILLIR
VÉGÉTER
VIDER
VENTILER
VAPORISER
VACILLER
VALORISER
VERSER
VAQUER
VERNIR
VANTER
VALIDER
VALSER

"Where there is a will there is a way."
«Vouloir c'est pouvoir.»
(voo-lwahr seh pooh-vwahr)

"Darn it!"
«Zut!"»
(zooht)

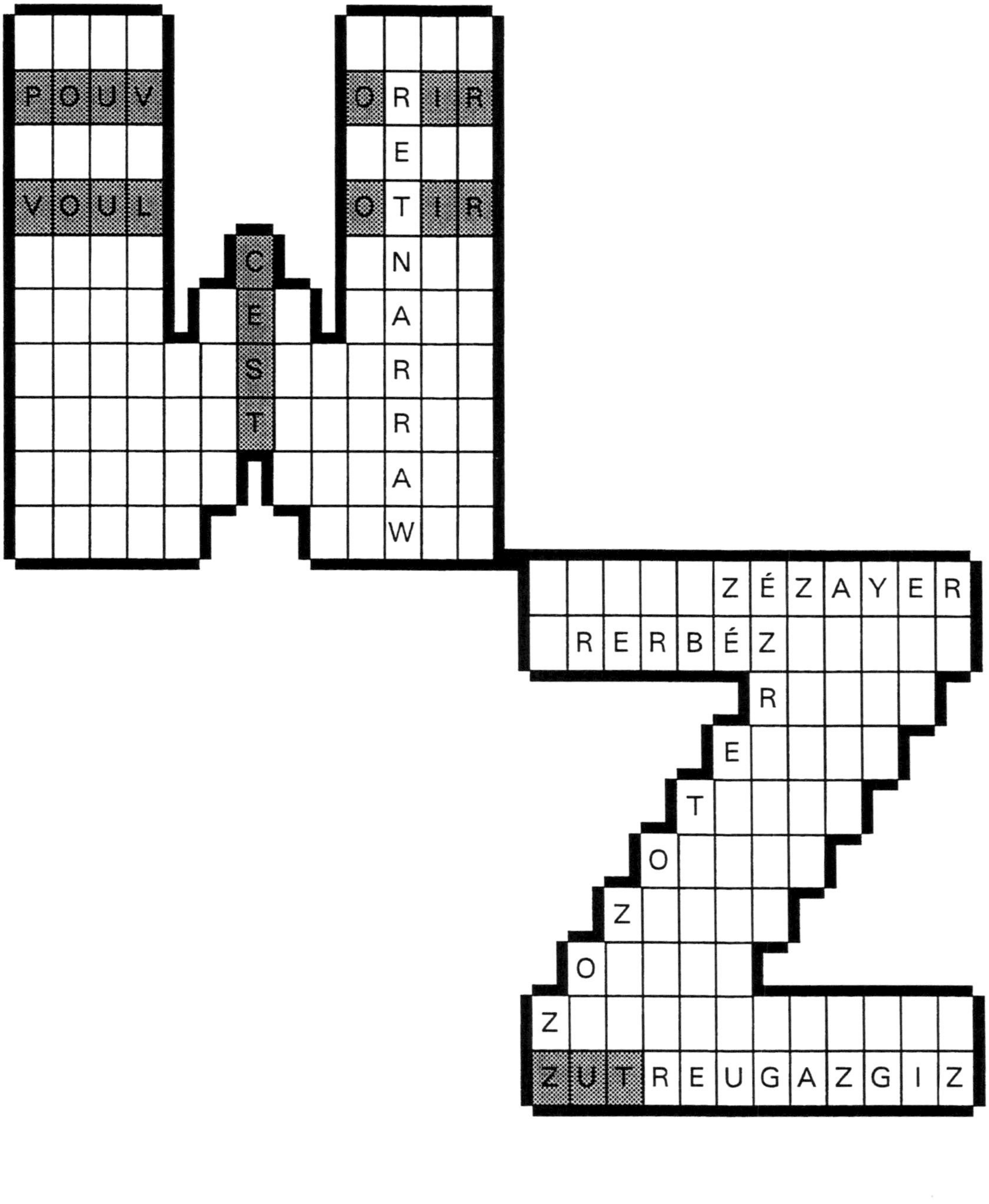

```
          Z
          I
          G
          Z          Z  É  B  R  E  R
          A          É
          G       Z  O  Z  O  T  E  R
          U          A
          E          Y
 W  A  R  R  A  N  T  E  R
                     R
```

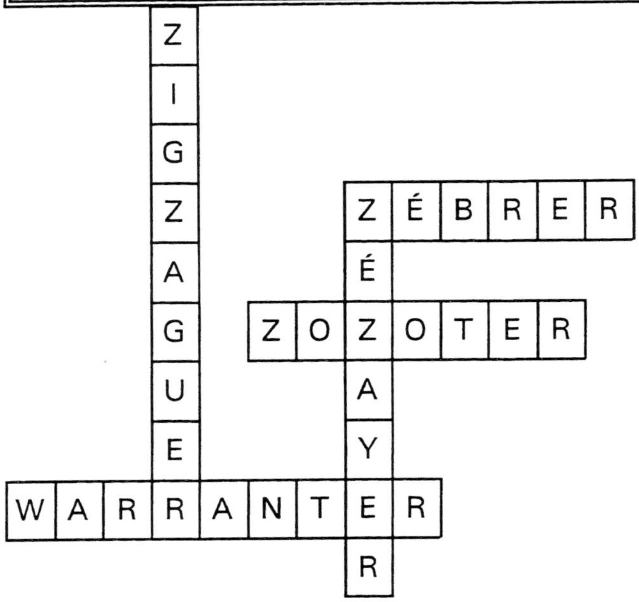

page 87		Identify
1.	A speech impediment	zézayer zozoter
2.	to guarantee	warranter
3.	to move back and forth	zigzaguer
4.	to apply stripes	zébrer

page 87		Matching			
B	1.	zézayer	A.	to warranty
D	2.	zigzaguer	B.	to lisp
A	3.	warranter	C.	to stripe
C	4.	zébrer	D.	to zigzag